물별마을

물볕마을

구활 수필집

수필과비평사

| **책머리에** |

스물 즈음에 고향을 잃어버렸다.
고향을 제자리에 두었지만
살지 않고 사랑하지 않았으니
주인이 바뀐 것이다.
나의 불찰이다.

내 고향은 대구에서 동남쪽으로
60리 떨어진 경산군 하양읍이다.
하양은 물 하河에 볕 양陽을 곁들인
순수 우리말 물볕마을이란
아름다운 고장이다.

하양을 물볕이라고 부르는 사람은
아무도 없다. 고고학자들은
옛 무덤을 파헤쳐 가며 조상의 얼을
찾고 있지만 고향의 옛 이름 찾기는
문학인의 사명 아니겠는가.

물별마을 중에서도 섬마을이란
도리동島里洞에서 태어났다.
키, 몸무게, 나이가 모두 80에
이르도록 공평하게 성장했다.
고향이 베풀어 준 과분한 은덕이다.

그런 고향을 버리고 도시로 떠났지만
넉살 좋게 고향을 잃어버렸다며
어거지로 둘러대고 있으니
그 죄가 매우 크다.
죗값을 조금 지우려고 이 책을 낸다.

2023년 구월
구활

| 차례 |

┃책머리에

첫 번째 이야기

아버지를 만나는 강　　　　　　13
안짱다리 암탉　　　　　　　　16
우상의 눈물　　　　　　　　　20
부러진 제비 다리　　　　　　　24
바람으로 살다 바람으로 지다　　28
연애편지　　　　　　　　　　　32
능금밭에서 흘린 눈물　　　　　36
양철지붕의 빗소리　　　　　　39
딸기코 아저씨의 놋술잔　　　　43

두 번째 이야기

간밤에 자고 간 그놈 못 잊겠네	49
서재에 걸린 소동파의 초상	54
사람이 꽃보다 아름다워	59
남촌南村 수필	64
진달래꽃은 붉었어라	71
설사 돼지고기	75
고향 언덕 궤나 소리	79
풍류는 해학이다	84
참새 다비하여 얻은 사리	88

세 번째 이야기

빗방울 전주곡	93
싱거 미싱	96
곰국 한 그릇	100
엽전과 바랑	104
피아노 음악과 우수의 눈빛 여인	108
내 고향 물볕마을 이야기	112
풍류객으로 살다 서산에 지려 한다	116
저승에서 돌아오신 어머니	122
달리아, 그 추억의 꽃	125

네 번째 이야기

검은 축제의 블루스	131
환장할 봄 봄 봄	136
엄마는 병참부대 선임하사	140
깡패 화가 박용주의 춘화도	144
마을 앞 버드나무	151
우리들의 사춘기	155
달빛 사냥	159
초대하고 싶은 단 한 사람	163
움막 속의 사랑과 동정	167

다섯 번째 이야기

운부암에서 하룻밤   173

여름아, 한잔해라   178

저녁 종소리   181

외로움에 대하여   186

매화 시사梅花 詩社   193

내가 나에게 쓴 고백록   197

엉뚱짓 명수   206

어머니 무덤의 흙 한줌   210

파계승이 추는 춤   214

첫 번째 이야기

아버지를 만나는 강

　선친께서는 내가 네 살 되던 해, 바로 생일 저녁에 돌아가셨으니 얼굴조차 기억할 수가 없다. 내겐 주관적인 기억들이 전혀 남아 있지 않고 객관적이고 막연한 아버지관밖에 없다. 그것은 태어나서 만 삼 년 동안 유아기의 의식으로 본 아버지란 실체의 모습이 아니라 내 몸속에서 흐르는 피의 소리 때문이 아닌가 한다. 그 소리는 '아버지가 곧 나'라는 등식을 성립케 했다. 나잇살이 들면서 내가 가진 속성의 이것저것을 아버지의 그것에 대입해 보면 그렇게 잘 맞아떨어질 수가 없다.
　어린 시절 어머니는 나를 무릎 위에 앉혀 놓고 곧잘 아버지의 젊은 날 이야기를 들려주시곤 했다. "물고기를 참 잘 잡았지. 투망에 감물을 먹여 두었다가 봄부터 늦가을까지 강가에서 살았지. 그물질하는 날은 그 싱싱한 물고기를 한 바께스나 잡아 왔지 아마. 갓 결혼해서 저 영천 화산이란 데서 살 때야. 잡아 온 물고기를 숯불에 구워 말려두면 겨울 밑반찬으로 맛이 희한했지."

얘기가 깊어질수록 회한 섞인 넋두리로 곧잘 변하던 어머니의 음성을 통해 아버지를 추상追想해 보고 나도 아버지라 불러 볼 남자 어른이 있었으면 하는 막연한 그리움에 떨면서 유년시절을 보냈다. 그러나 실이 떨어진 연처럼 가뭇없이 사라진 아버지의 혼은 어린 나에게 눈짓 한번 해주지 않았다. 그 뒤에도 나는 아버지의 실체는커녕 허상조차 쉽게 그려낼 수 없었다. 편모와 위로 누나 셋이란 여인 천하에서 고등학교를 졸업할 때까지 요강에 앉아 오줌 누는 버릇을 버리지 못한 시스터 보이로 성장했다.

웬일인가. 피의 부름인가. 스물다섯 살 때쯤 아버지의 젊은 날의 현장, 아버지의 혼이 떠돌고 있고 추억이 서려 있는 그 강가로 누가 부르지 않았는데도 달음질쳐 뛰어나가게 되었다.

아니나 다를까, 내 손에는 깔깔한 투망이 들려 있었고 민물고기를 잡는다는 구실로 잃어버린 아버지의 추억과 이승을 그리워하는 혼을 부지런히 투망질로 건져내고 있었다.

그땐 금호강이 오염되기 전이어서 고향인 하양河陽에서 영천 화산까지는 강물 또한 맑았고 잡히는 물고기는 아버지의 젊은 날처럼 싱싱하고 건강했다. 아버지의 허상조차 그릴 수 없던 내게 어느 날 갑자기 투망을 들게 하여 아버지의 젊은 날이 은비늘로 번득이는 강가로 불러낸 것은 허공을 떠도는 아버지의 목소리인지도 몰랐다.

흘러가는 강물 속을 투망질하여 아버지의 혼백과 추억을 건져내던 이십 대 후반부터 십여 년 동안 너댓 개의 초망을 물살에 찢기우고 나는 삶에 바빠 투망질을 마감해 버렸다. 그런데 웬걸, 다시 십 년이 지난 오늘, 먼데서 부르는 들릴 듯 말 듯한 소리에 귀가 열려 나는 아버지의 추억의 강으로 다시 달려나가게 되었다. 오염된 금호강을 벗어나 상류 쪽으로 상류 쪽으로 거슬러 오르다 보니 영천 화산까지 올라오게 되었다.

거기에는 아버지의 젊은 날이 보다 싱싱한 기운으로 미루나무 가지에도 걸려 있고 이름 모를 풀꽃 사이에까지 질펀하게 널려 있었다. 주말 한나절을 아버지의 혼백과 추억을 살림망 가득 건져내면 그리움과 미움이 범벅이 되어 내 육신은 솜처럼 지쳐 버린다.

요즘 나는 초등학교 육 학년인 막내를 데리고 화산으로 간다. 그의 아버지가 아버지를 만나는 현장까지 쫓아온 막내는 오랜 해후가 주는 피곤으로 내가 잠시 쉬고 있는 사이에 스스로 투망을 들고 강물 속으로 뛰어들곤 한다. 하염없이 강물을 바라보는 내 심사를 짐작하지 못한 채 투망질에 열심이다.

오, 피의 부름이여. 내 막내도 할아버지의 떠도는 혼백이랑 추억들과 만나 이승의 안부를 묻고 대답하며 그렇게 물고기를 잡는 것일까. 덧없이 세월은 흐르고 시속은 변하건만 투망질에 걸려 나오는 물고기는 예전과 변함이 없다.

안짱다리 암탉

유년의 기억 중에서 좀처럼 지워지지 않는 것이 더러 있다. 내 기억의 언저리에는 닭 한 마리가 늘 서성이고 있다. 가슴팍에 상처가 나 있는 암탉. 그러면서 병아리들을 위해 헌신하는 모습의 암탉 한 마리가 지울 수 없는 상像으로 망막 속에서 어른거리고 있다.

그 암탉은 어릴 적 우리 집에서 기르던 여러 마리의 닭 중의 한 마리다. 어느 봄날, 암탉은 짚동 사이의 봉태기 속에 알 몇 개를 낳아 품고 있었다. 어머니는 "닭이 알을 품는구나. 이번 여름에는 식구가 많이 늘어나겠네." 하시는 음성 속에는 기쁨과 희망이 묻어 있었다.

그러던 어느 날 밤, 알을 품고 있던 암탉이 하늘이 찢어질 듯한 비명을 질러댔다. 어머니는 "구렁이가 알을 집어먹나, 한번 나가 봐라."라고 말씀하셨다. 잠에 겨운 눈을 비비며 밖으로 나가보니 인기

척에 놀란 쥐 한 마리가 봉태기 속을 빠져나와 쏜살같이 달아나 버렸다. 암탉은 쥐에게 가슴팍 살점을 뜯어 먹히고 있다가 도저히 못 참을 지경에 이르러 "죽겠다"는 비명을 질러댄 것 같았다.

한밤중에 응급환자가 생긴 우리 집은 지쳐 널부러진 암탉의 가슴에 머큐로크롬을 바르는 등 부산을 떨었다. 다행히 암탉은 죽지 않았다. 암탉은 상처의 아픔을 생성 중인 생명의 신비로 인내하며 결국 다섯 마리의 병아리를 알에서 깨워 내는 데 성공했다.

그 일이 있고 난 후 암탉은 걸음걸이가 부자유스러웠다. 병아리들에게 모이를 찾아주는 일이 힘에 겨운 듯했다. 그때마다 어머니는 싸라기가 섞인 등겨를 뿌려 주시면서 "우째 니 신세나 내 신세나 똑같노." 혼잣말로 중얼거리시곤 했다. 그것은 위로 딸 셋과 아들 둘 중 내 동생인 막내가 태어난 지 오십팔 일 만에 훌쩍 세상을 떠난 아버지를 원망하는 그런 말투였다. 어머니의 학비 걱정이나 상처 입은 암탉이 모이 걱정은 그게 그거였다.

어머니는 그 암탉을 같은 처지에 있는 측은한 아랫동서쯤으로 여기시는 것 같았다. 주일 낮 어머니가 교회에서 늦게 돌아오면 암탉은 마치 기다리고 있었다는 듯 무어라 소리를 지르면 "그래 알았다. 새끼들이 굶었다는 말이구나." 하시며 싸라기를 듬뿍 흩쳐 주셨.

그때 어머니의 눈에는 병아리가 단순한 병아리로 보이지 않았을 것이다. 그것은 자신이 청상으로서 부양책임을 지고 있는 다섯 남매의 모습을 아장걸음 병아리들과 동질의 것으로 인식하는 의식 속의 찰나적 착시현상이 일어난 것이다.

그것은 어쩌면 홍차에 적신 마들렌 과자의 냄새에 이끌려 어린 시절로 시간여행을 떠나는 프랑스 작가 마르셀 프루스트의 『잃어버린 시간을 찾아서』란 작품에서 보여주는 '기억의 연결 작용'이 어머니를 순간적으로 사로잡은 것이리라.

암탉의 안짱다리 걸음은 고쳐지지 않았다. 그러나 병아리들은 건강했다. 어머니는 약병아리로 자라난 새끼들이 대견스러운 듯 "옳지, 그래 장하다."며 연신 입 부조를 했으며 그 곁을 서성이는 암탉에겐 "그래, 너는 성공했구나. 성치 못한 몸으로." 하시며 부러워하셨다.

긴 장마가 끝나고 여름 수업을 마치고 집으로 돌아오자 보릿짚이 순한 연기를 내며 타고 있었다. 어머니는 양은솥을 열고 닭곰국 한 그릇을 퍼다 주셨다. 나는 똥집과 날개 그리고 닭 다리 한 개를 마파람에 게눈 감추듯 먹어 치웠다.

감나무 밑 살평상에 누워 구름이 떠가는 모습을 보고 있을 때였다. "야야, 그 닭 있제, 그 암탉을 안 잡았나." 그 말씀을 듣는 순간 다섯 마리의 새끼병아리들이 어미를 잃고 우왕좌왕하는 모습이 눈에 아른거렸다. 그것은 어머니가 갑자기 돌아가신 후의 바로 우리들의 모습이었다. 어머니는 "한 그릇 더 묵을래."라고 말씀하셨지만 나는 고개를 저었다.

세월이 흘러 내가 어머니의 그때 그 나이쯤 되고 보니 "야야, 그

닭 있제, 그 안짱다리 암탉을 안 잡았나."의 의미를 우리 집 아이들이 알아차릴 것 같아 괜히 부끄러운 생각이 든다.

우상의 눈물

 간밤에 어머니가 오셨다. 무슨 일로 오신 걸까. 이렇다 할 우환도, 특별한 걱정거리도 없는데. 온종일 궁금했다. 꿈속 방문의 이유를 몰라 일이 손에 잡히지 않았다. 최근 행적을 되짚어 보니 그럴 만한 꼬투리 하나가 잡혔다. 아하, 이것 때문에 오신 것이로구나. 저승에서도 아버지와 한집에 살고 있다면 이런저런 시중드시느라 몹시 바쁘실 텐데.
 나는 일곱 명이 한 달에 한 번 점심을 먹는 모임의 늦깎이 회원이다. 예술을 전공하거나 애호가들로 구성되어 있어 화제는 문학, 음악, 미술, 조각, 공연, 영화, 건축, 사진 등으로 무척 다양하다. 조각하는 분이 "회원들의 흉상을 제작하여 전시회를 열 때 작품으로 내놓겠다."고 했다. 회원들이 수긍하는 걸로 일단 결론이 났다. 나는 엉거주춤한 상태로 앉아 있다가 오케이 물결에 휩쓸려 떠내려가고 말았다.

 흔적을 남기는 일을 좋아하지 않는다. 사진을 찍는 것은 즐기지만 찍히는 것을 탐탁게 생각하지 않는다. 행사의 단체 사진 촬영 때도 마지못해 빈자리를 채울 뿐 좀처럼 앞자리에 앉지 않는다. 우리 집 거실에는 사진관에서 찍은 가족사진이 없다. 그러니까 사진에 대한 나의 생각이 이렇다 보니 흉상을 만드는 것 자체가 마음 내키지 않는 일이다.

 유월 어느 날, 흉상의 점토 원형이 완성됐단 기별을 듣고 회원들과 함께 작업실에 들렀다. 남들이 '이만하면 됐다.'며 오케이 사인을 하길래 나는 줄래줄래 따라 다니다 나온 것이 자동 오케이가 됐나 보다. 그날 밤 어머니가 꿈에 오신 것이다. 어머니는 바람을 타고 오셨는지 두레박줄을 타고 오셨는지 잠시 머물렀다간 어디로 가셨는지 보이지 않았다. 오랜만에 만났는데 아무 말씀이 없어서 허전하고 안타까웠다.

 삼십수 년 전에 경주의 조각가에게 어머니의 흉상 제작을 의뢰한 적이 있었다. 어머니의 동의를 얻어 점토로 모습을 뜨고 여러 차례 수정 작업을 거친 후에 청동 조상을 완성했다. 어머니 방에 좌대까지 준비하여 안치시켰더니 매우 좋아하셨다. "어머니가 돌아가신 후에는 제 방에 모시겠습니다." "오냐, 그렇게 해라." 평생 애만 먹였는데 오랜만에 효자 노릇을 한 것 같아 내가 생각해도 무척 기특하게 느껴졌다.

어머니는 서른 초반에 남편을 잃은 아이 다섯이나 딸린 청상이었다. 의지할 곳 없는 당신은 예수 그리스도를 남편쯤으로 생각하는 독실한 크리스천이다. 모든 것을 기도를 통해 하나님과 상의하셨고 십계명에 반하는 일은 하지 않았다.

한 달이 채 지나지 않아 효자 흉상이 감쪽같이 사라져 버렸다. 흉상은 토르소와 마찬가지로 다리가 붙어 있지 않아 제 발로 걸어 나갈 수도 없을 텐데 기이한 일이었다. 식구들에게 물어봤으나 아무도 몰랐다. 어머니께 여쭤봤으나 대답이 없었다. 해답은 우리 동네에서 허드렛일을 하는 아저씨가 귀띔해 주었다.

"밖으로 끌어내 도끼로 박살 내서 갖다 버려요." "이건 내다 버릴 물건이 아닌데요." "시키는 대로 해요." "아드님이 알면 뭐라 할 텐데요." 어머니의 흉상은 등산 장비함에 들어 있는 캠핑용 손도끼로는 쪼갤 수가 없었다. 서툰 어머니의 도끼질로 얼굴에 피탈 칠을 한 조상은 울면서 떠날 수밖에 없었다. "빨리 싣고 가서 버리세요." 어머니의 닦달에 못 이긴 아저씨는 청동 쓰레기 하나를 리어커에 싣고 뒤통수를 긁으며 가버렸다.

주일 낮 예배의 설교 제목이 "내 앞에 다른 신을 두지 말라."가 아니었나 싶다. 십계명 둘째에 있는 "너를 위하여 새긴 우상을 만들지 말고 하늘과 땅 그리고 물속에 있는 형상을 만들지 말며 그것들에 절하지 말며 그것들을 섬기지 말라."는 목사님의 열띤 설명에 크게 감동하신 것 같았다.

어머니는 자신의 행동이 계율에 반하는 행위라는 걸 설교를 통해 절절하게 느끼신 것 같았다. '너를 위하여 새긴 우상'을 '아들이 새겨다 준 흉상'으로 해석했고, 당신이 세상을 버린 후엔 그 청동 우상 아래 둘러앉은 자식들이 자신을 추모하며 섬길 것이라고 판단한 것 같았다. 어머니는 아마 예배가 끝나기도 전에 종종걸음으로 집으로 돌아와 '빌어먹을' 우상을 냅다 내동댕이쳐 내다 버린 것이다.

화가 났다. 돈도 아까웠다. 흥건하게 피를 흘리고 있는 우상을 내가 보았더라면 뭉크의 「절규」는 내다 앉을 정도로 울부짖었을 것이다. 더 이상 묻지 않았다. 우상을 팽개친 어머니의 행위는 너무나 당당했다. 이슬람교도들이 신앙 고백문인 '라 일라하 일라 알라'(알라 외에 다른 신은 없다)를 읊조리며 라마단 기간 해가 떠 있는 시간에는 물 한 모금 마시지 않고 계율을 지키는 것과 크게 다를 바 없었다.

꿈에 만난 어머니가 그냥 가버리신 이유를 이제야 알겠다. 난 한마디 말씀만은 꼭 전하고 싶은데 연락할 방법이 없다. 저승의 전화번호도, 이메일 주소도 모른다. 하늘을 감동시킬 방법은 없을까. 가만 있자, 천국신문사에 '우상의 눈물'이란 글을 독자란에 투고해야겠다. 모여 사는 영혼들이 귀신같이 알아차리고 내 뜻을 어머니에게 전해주시겠지.

부러진 제비 다리

    흥부는 다리가 부러진 제비를 정성껏 돌봐 주었다. 그러나 놀부는 제비의 멀쩡한 다리를 부러뜨렸다가 큰 화를 입었다. 박 씨를 물고 온 흥부네 제비는 금은보화를 쏟아지게 했지만 놀부네 제비는 박 속에 독사를 넣어 혼내주었다.
    중학 1학년 때. 고무줄 새총으로 집 앞 전깃줄에 앉아 재잘대고 있는 제비를 향해 쏘았다. 처음 몇 발은 빗나갔지만 서너 번째 총알이 명중됐다. 제비는 논에 떨어졌다. 신발을 벗고 들어갔을 땐 제비의 숨은 이미 끊어진 뒤였다. 새총으로 겨냥할 때까지 아무 말도 하지 않았던 또래들은 제비가 떨어지자마자 "어 어, 활이 너 큰일났다."고 겁을 주기 시작했다.
    일을 저지르고 난 뒤 가만히 생각해 보니 이건 예삿일이 아니었다. 가을에 박을 타는 놀부의 얼굴이 떠올랐다. 박 속에서 기어 나온 뱀들이 내 몸을 칭칭 감아 물고 뜯고 온갖 난리를 치는 것 같았다. 또래 중에서 어느 누가 "화를 면하려면 장사를 잘 지내주고 제사를 지내야 한다."고 일러 주었다. 나는 포수에서 갑자기 상주로 강등되었다.

　호박잎으로 시체를 염습한 후 방천 둑 밑, 해마다 패랭이꽃이 지천으로 피는 돌무지 둔덕에 묻어 주었다. 친구들은 내게 "놀부가 당했던 그런 화를 면하려면 절을 두 번 해야 한다."라고 말했다. 독실한 크리스천인 어머니가 봤으면 큰일날 일이지만 나는 무덤 앞에 엎드려 마음을 얹어 절을 했다. 또래들은 다시 "제비야, 미안하다."란 말을 세 번 반복하라고 반강제적으로 시켰다. "제비야, 미안…"이라고 입을 떼자 갑자기 목이 메어 말은 나오지 않고 눈물이 쏟아졌다. 그것은 제비가 불쌍해서가 아니라 제비 귀신의 복수가 두려웠기 때문이리라.

　제비를 잡게 된 동기는 아주 단순하다. 그때 우리 또래들은 금호강 강변으로 나가 자주 낚시질을 했다. 어종에 따라 미끼를 선택하는 법과 날씨에 따라 낚는 방법을 배우는 중이었다. 어느 친구는 어른들에게 들은 이야기라면서 "중림 공굴 밑에 살고 있는 찌끼미 뱀장어는 깻잎 벌레로는 낚을 수가 없고 그걸 끌어내려면 제비고기 구운 것을 미끼로 쓰면 틀림없다."고 했다. 가진 것이라야 호기심뿐인 나는 그 말을 철석같이 믿었다. 뱀장어를 잡기 위한 전초전으로 먼저 사냥에 나섰다가 느닷없이 죽은 제비의 초헌관이 되어 어처구

니없는 공포에 떨어야 했다.

　제비를 쏜 고무줄 새총에 불길한 징조가 묻어 있을 것 같았다, 아깝긴 하지만 오래 몸에 지녔다간 '놀부의 화'를 직접 당할 것처럼 느껴져 아궁이 속에 던져 버렸다. 그래도 제비의 죽음에 따른 두려움은 좀처럼 사라지지 않았다. 불안은 오래 지속됐지만 "괜찮다."며 안심시켜 주는 이는 아무도 없었다.

　『어우야담』을 보면 저자인 유몽인이 중국 사람을 만나 "조선의 제비는 『논어』를 읽을 줄 안다."는 대목이 나온다. '위정' 편의 "지지위지지 부지위부지 시지야."(知之謂知之 不之謂不知 是知也 · 아는 것을 안다 하고 모르는 것을 모른다 하는 것이 바로 아는 것)라는 구절을 제비의 '지지배배' 우는 소리에 빗대 그렇게 능청을 부린 것이다.

　또 김익의 「제비 돌아오다」란 시에 이런 구절이 나온다. "주인의 초가집 구석도 마다하지 않고/ 해마다 봄만 되면 옛 둥지 찾아오네./ 인간 세상 명리 좇아 헤매는 자들아/ 사람으로 저 새만도 못함을 비웃노라." 문헌 어디에도 제비를 나무라거나 탓하는 경우를 찾아볼 수가 없다. 그런 제비를 내가 죽였으니 난 놀부보다 못한 놈이다. 이놈, 에이 나쁜 놈!

　제비를 잡은 지 석 달 후인 그해 가을, 나의 오른쪽 다리가 부러졌다. 하학길에 미군 지프에 치인 것이다. 지금도 우측 대퇴부에는 철심과 여섯 개의 나사못이 박혀 있다. 지프를 몬 흑인 병사의 얼굴은 고무줄 새총으로 잡은 제비처럼 새까만 그런 색깔이었다. 제비가 돌아온 것이다. "제비야, 미안하다."를 아무리 중얼거려도 넓적다리 흉터는 없어지지 않고 그냥 그대로다.

바람으로 살다 바람으로 지다

　일생을 바람으로 떠돌다 세상을 뜬 선친과 농촌 아녀자로서도 항상 시서詩書에의 관심을 떨쳐 버리지 못했던 어머니 사이에서 내가 태어났다. 그러니까 미풍에도 잎새를 떨어야 하는 나뭇잎처럼 내 피 속에 흐르고 있는 객기는 팔 할이 바람인 셈이다. 그런데도 어머니는 너무나 일찍 저승으로 떠나버린 선친에 대한 원한이 뼈에 사무쳐 내가 성장하는 동안 '아버지는 나쁜 사람'이란 다소 오도된 관념을 심어 주신 것 같다.
　"너희 아버지는 옳은 친구를 갖지 못했지. 넌 커서 좋은 친구를 많이 사귀어야 훌륭한 사람이 되는 거야. 넌 정말이지 아버지를 닮으면 몬 써. 절대로 그래 돼서는 안 돼." 이 같은 어머니의 훈계를 어릴 적부터 귀에 딱지가 앉도록 들어온 터라 내가 아버지를 제대로 인식하기도 전에 아버지는 나쁜 사람이라는 다소 나쁜 이미지가 심어지고 말았다.

 호롱불 밑에 어린 오 남매가 옹기종기 둘러앉는 호젓한 밤이면 으레 어머니는 아버지에 대한 험담을 쏟아놓기 마련이었고 예전부터 오래도록 들어온 얘기 중에서 적당한 것을 골라 맞장구를 쳐주면 "그래 맞다." 하시며 그것으로 청상이 겪는 억울함에 대한 복수를 하는 것 같았다. 그런데 나도 차츰 말귀가 트이고부터는 그게 아니었다. 지각이 더욱 또렷해지고 이웃의 아저씨만 봐도 아버지라고 부르고 싶은 충동이 일 무렵부터 아버지에 대한 그리움은 눈덩이처럼 커져가기만 했다.

 인식이 자라 기존 질서에 대한 회의가 느껴지면서부터 '아버지적'인 어떤 장점을 찾아 헤매기 시작했고 버릇과 기질, 취미까지도 아버지를 닮아가기 시작했다. 선친이 남기고 간 유산은 시골집 한 채, 논 열댓 마지기, 밭 일여덟 마지기가 고작이었다. 그 유산은 다섯 남매의 교육비로 이 년에 두세 마지기 단위로 팔아 치워졌고 이젠 고향에 남아 있는 것이라곤 호적과 아버지의 무덤 그 외에 또 무엇이 있다면 어린 날의 꿈이 서린 아름다웠던 추억 정도랄까?

 그 후 시골에서 도시로, 도시의 이집 저집으로 서른 번이 넘는 이사 끝에 아버지의 손때 묻은 가구랑 대소 물건들은 고물장수의 손수레에 실려가버리고 이젠 집안 어디에서도 아버지의 흔적은 발견할 수가 없다.

 연전까지 어디엔가 굴러다니던 문패가 실패로 변한 송판 조각과 창씨개명 때 마음에 들지 않는 요시다吉田란 일본식 성을 새긴 낡은 구두주걱이 어디에 있긴 있었는데 그것도 챙겨두지 않아 없어져 버렸다. 이제는 모든 것이 가버리고 어디에도 아버지를 추상해 볼 추억의 편린조차 없다고 해도 결코 억울해하거나 안타까워하지 않는다.

선친이 타계하신 지는 너무 오래되어 헤아릴 수도 없고, 어머니가 여든을 넘어선 이제야 아버지가 곧 나 자신임을 자각하게 되었다. 이삭이 야곱을 낳은 것과 같이 바람이 바람을 불러 바람을 낳았기 때문이다. 선친이 그러했듯 아직 내가 목숨을 버려도 아깝지 않을 친구 하나 제대로 두지 못하고 있으니 부자父子 모두가 명군 장군인 셈이다.

그러나 고향인 '물볕 마을'이란 아름다운 이름을 가진 하양河陽에서 장기판이나 투전판에서 한때 터줏대감으로 군림했던 선친이 술친구 한둘 없었을 턱이 없었고, 나 역시 주머니가 빈 헐렁한 바바리코트를 걸치고 바람으로 유랑하던 젊은 날에 만나 시방도 못 보면 안달하는 친구들이 손가락 수만큼은 되니 "피는 못 속인다."는 옛말을 실감할 수 있을 것 같다.

다만 어머니가 '옳은 친구'라고 여기는 가치 기준이 우리 부자에겐 약간 사맞지('통하지'의 고어) 않았을 뿐, 바람의 인연으로 만난 선친에게 나는 부자의 정 이상인 동료애마저 느끼게 되는 것이다. 봉급이라도 조금 더 오르면 예쁜 비석을 만들어 고향 뒷산 북편 기슭에 쓸쓸히 누워 계시는 아버지 무덤 옆에 세워드리고 싶다. 그리고 한 마디 새겨 두고 싶은 말이 있다면 좀 통속적이긴 하지만 이런 글귀도 좋으리라. "바람으로 살다 바람으로 지다."

연애편지

　에덴동산의 아담과 이브도 연애편지를 썼을까. 아마 그랬을 것이다. 예쁜 곳을 더욱 예쁘게 살짝 가릴 나뭇잎을 따러 나간 이브를 기다리던 아담이 먼저 썼을 것이다. 이브도 가만히 있진 않았겠지. 과일을 따러 움집 거처에서 멀리 떨어진 해변으로 나간 아담에게 잠에서 깨어난 이브가 간밤의 기억을 되살려 진한 편지를 썼을 것이다. 넓은 잎에 먹물 대신 숯검댕이 같은 것으로 그들의 사랑 기호인 동그라미 속에 점을 찍는 그런 아름다운 그림을 그렸을 것이다. 사랑의 감정은 표현하지 않고는 못 배기는 마력을 지니고 있기 때문에 더욱 그랬을 것이다.

　에덴동산 이후 호모 사피엔스들에 의해 씌어진 연애편지의 문장들로 지구를 덮는다면 어떻게 될까. 그것은 아마 지구를 휘감고 있는 인터넷의 전파가 홑이불이라면 연애편지의 문장들은 두툼한 솜

이불을 더께더께 덮은 것이라 해도 오히려 모자랄 것 같다. 사랑의 결실로 태어난 인간의 숫자와 인류 역사를 유추, 짐작해 보면 쉽게 알 수 있다. 그러나 못 이룬 사랑이 피를 토하듯 뿜어낸 편지까지 따지면 아휴 숨막혀라. 우와지끈, 머리가 아프다.

　조선의 한 선비가 중국에 사신으로 가서 그곳 처녀에게 띄운 편지와 답신은 연애편지의 압권이자 절창이다. 선비는 "마음은 붉게 화장한 미인을 쫓아가고 몸은 부질없이 홀로 문에 기대고 서 있네."라고 적어 하인을 시켜 수레를 타고 가는 미녀에게 전했다. 수레를 세워 잠시 글을 읽어 보더니 바로 답신을 보내왔다. "수레가 무거워졌다고 나귀가 화를 내니 그것은 한 사람의 마음이 더 실린 까닭일세." 이 얼마나 아름다운 수작이냐. 유몽인의 『어우야담』에 실려 있는 글이다.

　두 선남선녀가 주고받은 연애편지의 결론은 어떻게 났을까. 책은 결과에 대한 설명을 줄여 독자의 상상에 맡겼지만 그 궁금증은 오랜 세월 동안 풀리지 않는 숙제로 남아 있었다. 그런데 연전에 간송미술관에서 열린 '조선풍속 화첩전'에서 만난 혜원 신윤복의 「월하정인月下情人」이란 그림을 보고 나니 풀리지 않던 마음속의 매듭이 확 풀려버렸다.

　혜원이 그린 풍속화는 등불을 든 젊은이 옆에 수줍어 보이는 처녀가 약간은 어색한 듯 담벼락에 서 있는 그림이다. 화제畵題는 "월심심 야삼경 양인심사 양인지月沈沈 夜三更 兩人心事 兩人知"로 '달빛이 흐릿한 밤, 두 남녀의 마음은 두 사람만이 안다.'는 뜻이다.
 열차 시간에 쫓겨 서둘러 성북동 비탈길을 내려오면서 "그래, 맞아. 그랬을 거야." 하고 해답을 얻은 기쁨에 혼자 쾌재를 불렀다. 그것은 아까 말했던 수레를 탄 처녀에게 보낸 연애편지의 다음 줄거리를 혜원의 풍속화가 소상하게 설명하는 듯했다.
 나의 못된 버릇 중에 하나가 '상상의 오버랩', 다시 말하면 생각이 꼬리에 꼬리를 물고 달리다가 마지막에는 나름대로 엉뚱한 결론을 내려버리는 것이다. 사실 수레에 탄 처녀에게 보낸 연애편지와 혜원의 「월하정인」이란 그림은 시대와 장소가 전혀 상관이 없는데도 두 남녀를 동일인으로 만들어 혼자 키득거리며 즐거워하고 있으니 나의 지적 재능은 정말 저능아 수준이다.
 연애는 '양인심사 양인지'처럼 만남만 있는 것은 아니다. 헤어짐도 있다. 이별 그것은 슬프고 괴롭지만 그래도 아름답다.

 그해 봄 결혼식 날 아침 네가 집을 떠나면서 나보고 찔레나무 숲에 가보라 하였다. 나는 거울 앞에 앉아 한쪽 눈썹을 밀면서 그 눈썹 자리에 초승달이 돋을 때쯤이면 너를 잊을 수 있겠다 장담하였던 것인데, 나는 기어이 찔레나무숲으로 달려가 덤불 아래 엎어놓은 하얀 사기 사발 속 너의 편지를 읽긴 읽었던 것인데 차마 다 읽지는 못하였다. 세월은 흘렀다. 타관을 떠돌기 어언 이십수 년 어쩌다 고향 뒷산 그 옛 찔레나무 앞에 섰을 때 덤불 아래 그 흰빛 사기 희미한데…"

— 송찬호의 시 「찔레꽃」 중에서

연애는 이런 것이다. 그래, 사랑은 이런 것이다. 맺어지지 못하면 애가 타고 헤어져 만나지 못하면 이렇게 찔레나무 앞에 서서 망연자실 빛바랜 사기 사발 쳐다보듯 허무한 것. 태어난 것조차 후회해야 하는 정말로 허무한 것.

능금밭에서 흘린 눈물

"얘, 국광이나 좀 사 오너라." "아버지, 국광이 뭔데요?" 오랜만에 일찍 퇴근한 어느 날, 막내와 나눈 대화의 한 토막이다. 막내는 국광 맛에 푹 젖어 있는 아빠의 어릴 적 입맛을 도저히 이해할 수 없다는 듯 "그래도 후지가 더 맛있는데." 하며 못마땅한 눈치다.

내가 태어난 곳은 금호강변, 사과밭이 줄지어 늘어선 물河자 볕陽자를 쓰는 하양이다. 초여름에 출하되는 축祝이란 이름의 사과를 우리는 일본식 발음인 '이와이'라 불렀다. 삼복더위와 함께 빨갛게 익어가는 홍옥紅玉. 그 정열적인 붉은 의상 속에 은밀하게 감춰져 있는 희디흰 속살, 그리고 그 맛이란 '새콤함'이란 하나의 낱말로는 표현이 오히려 모자라는 저 뭐랄까 진한 정사情事 끝에 오는 전율 같은 것. 또 서리가 내릴 때쯤이면 끓는 피를 참지 못해 껍질이 터지는 국광. 매운바람이 쌩쌩 부는 겨울밤에 따뜻한 아랫목에 앉아

가슴이 터져 열과裂果로 변한 국광을 먹어보지 않은 사람이 어찌 사랑을 알며 능금 맛을 알까.

초등학교 시절, 멱을 감기 위해 금호강으로 갈 때는 으레 탱자나무 울타리가 쳐져 있는 능금밭 샛길을 택한다. 개구쟁이 녀석들이 개구멍으로 몰래 들어가 러닝셔츠 속에 넣어 온 능금 알들이 길게 자란 풀을 서로 붙들어 맨 '발걸이'에 걸리는 날이면 몽땅 쏟아지는 곤혹도 그때는 하나의 즐거움이었다.

초등학교 4학년 때인가. 같은 반 급우이자 유년 주일학교에도 함께 다녔던 친구가 능금밭 주인의 아들이었다. 그와 나는 학교와 교회에서 서로 라이벌이었다. 그러나 그는 부자 아버지를 가졌고 나는 아버지가 없어 매양 꿀리는 입장이었다. 그 친구에게 주눅이 드는 날이면 나는 저승에 계시는 아버지가 미웠고 그 미움은 한없는 그리움으로 변하기도 했다.

유년 주일학교가 파한 어느 일요일 오후였다. 그는 "여학생 몇을 데리고 가서 우리 능금밭에서 놀자."고 제의했다. 나는 친구의 속마음을 얼른 알아차리고 제 맘에도 들고 내 맘에도 드는 예쁘장한 여자아이 서넛을 불러 능금밭으로 갔다. 우리는 까치와 벌레들이 파먹은 '흠 다리 능금'을 주워 차일을 쳐둔 그늘 밑에 모여 앉았다. 능금 한 알을 들고 한입 가득 베어 무는 순간, 그는 무엇이 못마땅했는지 느닷없이 "활이 너는 집에 가 봐라."라고 말했다.

먹다 남은 능금을 내려놓고 일어서려는데 눈물 한 방울이 멍석

위에 툭 떨어졌다. 그 눈물은 어쩌면 하늘나라에서 이승을 내려다 보고 계시던 아버지가 아들이 당하는 수모를 보고 대신 떨어뜨린 눈물방울인지도 모른다. 수십 년 세월이 지났건만 그때의 절망감과 배신감을 도저히 잊을 수가 없다. 소쿠리에는 먹음직한 능금이 수북이 담겨있고 여자아이들이 원을 그리듯 앉아 있는 그 통한의 능금밭이 더러 꿈에 나타나면 나는 지금도 몸서리가 쳐진다.

분하고 서러운 것은 둘째 치고 먹다 남은 능금이 눈에 밟혀 엉엉 울면서 방천둑 길을 따라 집으로 돌아와 어머니의 치마를 붙잡고 목 놓아 울어 버렸다. 내가 태어나서 처음 겪은 슬픈 사건이었다. 요즘도 능금을 씹을 때마다 평생에 한이 되는 마음의 상처를 준 그 친구를 생애 중에 꼭 한 번 만나 그날 그 통한의 분을 아직도 삭이지 못하고 있다는 말을 전하고 싶다. 그래야 그 날 아버지가 저승에서 흘리신 눈물에 대한 갚음이 될 것 같다. 그러나 그는 어디에서 무엇을 하는지 도무지 만날 길이 없다.

고향이 생각날 때마다 그 기찻길 옆 능금밭에서 먹다 말고 두고 온 눈물방울 떨어지게 한 그 능금이 생각난다. 한때는 도저히 용서가 되지 않더니 요즘은 흠집 난 사과만 봐도 그 친구가 보고 싶어진다. 다시 한 번 잃어버린 그 날의 능금 맛을 느껴보기 위해 이렇게 막내를 시켜 "요즘 사과 말고 아버지가 옛날에 먹었던 그런 능금을 사 오너라."고 당부하는지도 모를 일이다.

양철지붕의 빗소리

 빗소리를 듣고 싶다. 양철지붕을 때리는 타악기의 난타 같은 그런 빗소리가 듣고 싶다. 내 집은 공중누각처럼 하늘에 매달려 있어 지상에서 일어나는 소리를 들을 수 없다. 아파트 맨 꼭대기 층은 영원으로 이어지는 하늘과 가까워서 그런지 도대체 소리라곤 들리지 않는다. 그렇다고 천상의 소리라도 가깝게 들리면 좋으련만 그렇지도 않다.
 겨울 한 철, 종탑 같은 이 꼭대기를 휘감아 때리는 바람 소리는 기분이 나쁠 정도로 무섭지만 귀를 대고 가만히 들어보면 때론 아름답게 들릴 때도 있다. 바람은 휘파람 소리를 내기도 하고 어떤 때는 울부짖기도 한다. 더러는 에밀리 브론테의 소설 「폭풍의 언덕」 주인공인 히스클리프가 창밖에서 서성거릴 때 몰아치는 바람 소리 같아 묘한 페이소스를 자아내기도 한다.

함석으로 지붕을 덮은 이웃이라도 가깝게 있으면 잠 오지 않는 밤을 빗소리와 함께할 수 있을 텐데 그것조차 쉽지 않다. 이웃집도 가까운 곳에 있지 않거니와 요즘은 양철지붕을 머리에 이고 있는 그런 집은 찾아보기조차 힘들다.

간밤 새벽녘, 잠에서 깨어나니 봄비가 내리고 있었다. 베란다의 창문을 여니 봄비에 묻어있는 싱그러운 찬 기운이 얼굴을 간질인다. 시원하고 상큼하다. 수주 변영로의 「봄비」란 시를 입속으로 읊조려 본다. 이 밤중에 이런 호사를 혼자 즐기다니 이만한 사치가 어디 있으랴.

비는 힘이 없는지 창문을 두드리지도 못하고 소리 없이 흐르는 눈물처럼 그냥 내린다. 「봄비」라는 노래를 김추자 버전으로 듣고 싶은데 왜 CD 한 장을 제대로 챙겨 두지 못했을까. 정말이지, 양철지붕 아래서 봄비 내리는 소리를 들으며 "나를 울려 주는 봄비, 언제까지 내리려나."라는 노래를 함께 들으면 얼마나 좋을까.

잠은 오지 않고 사위는 너무 조용하다. 갑자기 내 의식의 화면에 오드리 헵번의 얼굴이 나타난다. 빗물이 타고 내리는 창 앞에 서 있는 모습이다. 가만히 보니 「전쟁과 평화」란 영화의 한 장면인 것 같다. 그녀는 사랑하는 이를 전쟁터로 떠나보내고 빗속에서 눈물을 흘리며 울고 있다. 이윽고 독일의 명우 마리아 셸도 보인다. 어느 전쟁영화의 한 장면인 것 같다. 낡은 군화를 벗어 어깨에 걸치고 비 오는 진흙 길을 맨발로 혼자 걸어가고 있다.

밤새 내린 봄비가 메마른 가슴에 이렇게 잃어버린 추억을 실어다 준 것은 분명 축복이다. 내 고향 집은 초가삼간이다. 나는 추녀 끝에서 떨어지는 순한 낙숫물 소리를 듣고 자랐다. 비가 세차게 내리는 날은 이웃 엿방의 양철지붕에서 들리는 빗소리가 하도 좋아 일부러 그 집 추녀 밑에 서서 빗소리를 들었으며 빗방울이 방울방울 떠내려가는 행렬 보기를 즐겼다.
　그리고 비 오는 날의 군것질은 얼마나 아름다운 짓인가. 다행히 돈 몇 푼이 있어 갓 고아 낸 조청을 엿방에서 살 수 있다면 그날은 행복의 파랑새를 손안에 쥔 날이다. 돈이 없으면 어머니의 성경책 갈피를 뒤져 다음 주일 연보할 돈을 빼낼 수 있다면 그것은 복권 당첨에 비할 바가 아니었다. 손에 쥐면 따근따근한 갈색 조청 맛의 유혹을 뿌리치지 못하고 성경책 뒤지기와 때론 쌀독에 쌀 퍼내기 등 어머니가 몹시 싫어하는 짓을 비 오는 날이면 수시로 저질렀다. 오, 아름다운 날들의 추억들.

　　　삶이란, 버선처럼 뒤집어 볼수록 실밥이 많은 것
　　　나는 수없이 양철 지붕을 두드리는 빗방울이었으나
　　　실은, 두드렸으나 스며들지 못하고 사라진
　　　빗소리였으나 보이지 않기 때문에
　　　더 절실한 사랑이 나에게도 있었다.
　　　양철 지붕을 이해하려면

오래 빗소리를 들을 줄 알아야 한다.
　　　　　－ 안도현의 시, 「양철 지붕에 대하여」 중에서

　봄비가 내리는 새벽녘, 빗소리를 들으며 시를 읽고 있으니 이런 행복을 혼자 너무 많이 누리는 것 같아 미안하고 송구스럽다. 이렇게 호사스런 '봄비'란 명품을 입고 걸치고 난리를 친다고 어느 누가 흉이나 보지 않을으랴.
　아무래도 안 되겠다 싶어 새벽잠을 깊이 자는 아내를 깨웠다. "여보, 창밖 에어컨 박스 위에 양철 쪼가리 하나 얹어 놓고 양철지붕에 떨어지는 빗소리를 들으면 어떻겠소?" 아내는 어이가 없는지 하품이 나오는 입을 한 손으로 가리고 나머지 한 손으론 머리에 동그라미를 그리며 방으로 들어가 버렸다. "당신 요즘 맛이 좀 갔네요."란 말이 동그라미 속에 숨어 있었다. 제기랄.

딸기코 아저씨의 놋술잔

   막걸리란 소리만 들어도 기분이 좋아진다. 출출한 해거름에 그 소리를 들으면 기분이 좋아지는 게 아니라 애가 탄다. 소주, 청주, 양주라는 소리는 아무리 헐출해도 '한잔했으면 하는' 그런 생각은 들지 않는다. 길을 가다 막걸리를 싣고 가는 배달 자전거만 봐도 풋고추 된장에 열무김치 같은 인줏거리가 연상 작용의 끝자락에 매달려 대롱거린다. 하얀 사기 사발에 한 잔 쭈욱.

   기독교 가정에서 태어나 술과는 거리가 멀었고 인연도 없었다. 그런데 호기심이라는 것은 요물이었다. 또래들이 '공굴'(콘크리트 다리) 밑이나 방천둑 옆 '움턱골'(땅이 깊게 파인 곳)에 모여앉아 화제가 궁할 때마다 나오는 소리가 "니 막걸리 묵어 봤나."였다. 대부분의 아이들이 "그래 묵어 봤다."였지만 나는 대답할 수가 없었다. 그러면 대장격인 아이가 "그래, 활이는 놔두고."라고 끝을 맺지만 그게 나에게는 심한 모멸감을 주는 일종의 왕따로 느껴졌다.

아이들은 모이기만 하면 온갖 나쁜 짓 한 것을 자랑스럽게 지껄였다. 그중 백미는 술 심부름을 할 때 주전자 주둥이에 입을 대고 몇 모금씩 빨아먹고는 빈 만큼 맹물로 채웠다고 했다. 그 이야기는 나로서는 상상할 수 없는 아름다운 『허클베리 핀의 모험』처럼 느껴졌다. 어머니는 술 심부름을 시키지도 않았지만 그런 어림없는 일은 내 평생에 절대로 일어나지 않을 것이라고 생각하고 있었다.

어머니의 가슴속에는 하나님 외에 다른 신은 없었다. 쨍쨍 햇볕이 계속 내리쪼이는 어느 여름날, 하늘의 하나님보다 조금 더 무서운 다른 하나님이 어머니 앞에 나타났다. 우리 집 서쪽 감나무 밑 살평상엔 흰옷 입은 하나님이 점잖게 앉아 계셨다. "야야, 읍내 술도가에 가서 술 한 되 받아 오너라." 원 이런, 세상에 있을 수 없는 일이 우리 집 마당에서 벌어지다니.

낯선 하나님께 머리 숙여 인사를 드리고 주전자를 들고 사립문을 나섰다. "야야, 빨리 갔다 오너라. 술은 쏟지 말고." 내게도 이런 기회가 주어지다니. 술도가에서 찰찰 넘치도록 담아준 주전자를 들고 흘리지 않고 걷자니 여간 어려운 일이 아니었다. 동네 아이들의 말이 생각났다. 골목 입구 나무 그늘에 도착하자 벼르고 벼르던 대망의 술 한 모금을 빨아 목구멍으로 꿀꺽하고 넘겼다. 시큼한 게 아무 맛도 없었다. "오다가 쪼끔 쏟았어예." "날은 더운데 뛰어갔다 오느라 얼굴이 벌겋게 달아올랐구나." 그날 마신 술 한 모금은 죄가 되지 않았다.

하나님과 어머니 사이의 화제는 가뭄 속에 논에 물을 대는 이야기뿐이었다. 아하, 집에 오신 하나님은 못의 물을 관장하는 못 도감 영감이었다. 어머니는 논에 물을 넣지 못해 농사가 폐농하면 끼니 걱정은 물론 다섯 아이의 월사금 낼 일이 막막했던 것이다. 하늘의 하나님에겐 그냥 엎드려 기도만 하면 되는 줄 알았지만 수신水神 격인 못 도감 하나님에겐 점칠 때 복채 놓듯 막걸리 한 주전자와 풋고추 된장에 채소밭의 오이라도 쑹덩쑹덩 썰어 놓아야 기도발이 잘 받을 것이라고 생각하신 모양이다.

다음 날 새벽, 어머니는 거북등처럼 논바닥이 갈라 터진 뒷배미 논에 나가셨다가 희색이 만면하여 돌아오셨다. "야들아, 오늘 중으로 논에 물이 들어온단다." 청상과부의 시중으로 감나무 그늘에서 마신 막걸리 한 되가 철철 넘치는 논물이 되어 돌아오고 있는 중이다. 막걸리 하나님의 권능은 하늘의 하나님보다 훨씬 끗발이 센 것 같았다. 우리 논은 도랑에서 좀 떨어져 있었지만 인부들을 데려와 임시 수로를 내고 물을 끌어 넣어 주었다.

옛날엔 전기도 비상선을 넣으면 다른 집은 까막눈이라도 그 집만 환하듯이 못 도감 영감이 베풀어 준 수리 혜택은 비상선 전기와 다를바 없었다. 그해 여름 가뭄은 몇십 년 만에 처음이란 호들갑 속에서도 큰 피해를 당하지 않고 추수할 수 있었다. 우리 여섯 식구는 밥을 굶지 않았으며 학교에도 갈 수 있었다. 못 도감 하나님의 자비와 어머니의 막걸리 사발 앞에서 드린 간절한 치성 덕분이리라.

고향 동네에는 술도가에서 자전거로 술을 배달하는 딸기코 아저씨가 있었다. 마음이 워낙 좋아 주인이 없는 가게를 지킬 땐 아무에게나 "한잔하소." 하고 술잔을 내민다. 안주라야 '국케'(바다 진흙)가 섞여 거뭇거뭇한 굵은 소금이 전부지만 한잔 술이 고픈 모주꾼들이 수시로 기웃거렸다. 그는 자주 쫓겨났지만 그가 떠나면 손님들의 발걸음도 멀어져 떨어진 모가지가 다시 붙곤 하였다. 딸기코 아저씨는 술을 싣고 가다가 땀을 뻘뻘 흘리며 엉덩이를 들고 페달을 밟아 오르막을 올라오고 나면 주머니 속의 놋 술잔으로 술통의 술을 부어 한 잔씩 마셨다. 지금 생각해도 그 모습은 고향 하늘가에 피어오른 자유인의 초상이었다.

벌써 날이 어두워지고 있다. 하루의 부록과 같은 석양주 마실 시간이다. 막걸릿잔 앞에 놓고 잠시 고향을 다녀와야겠다. 막걸리 하나님과 딸기코 아저씨를 초대하여 제법 잘 차린 주안상에 마주앉아 한잔했으면 좋으련만 그들은 이승에 없다.

두 번째 이야기

간밤에 자고 간 그놈 못 잊겠네

여름은 더우니까 아무 일도 되는 게 없다. 아니다. 어떤 일도 안 되는 게 없다. 날씨가 더우면 우선 짜증이 난다. 짜증은 궁리를 불러온다. 궁리는 불가능한 것을 가능케 한다. 이 짜증 나는 무더위 속 불가해한 긴 터널을 빠져나오기 위해서는 상당한 인내와 지혜가 필요하다. 세상의 모든 새로운 이론은 짜증과 궁리의 계절인 여름에 그 가설을 세우지 않았을까.

"남들은 모두들 덥다며 괴로워하지만, 나는야 길고 긴 여름날이 사랑스럽네(人皆苦炎熱 我愛夏日長)"라는 청나라 때 시인 장조(張潮)의 「여름 예찬」이 아주 절묘한 위안이 된다. 시인은 여름이야말로 책 읽기에 가장 좋은 계절이라며 칭송을 늘어놓는다.

사실 나도 여름을 즐기고 있다. "더위를 즐기고 있다."면 건방지달까 봐 "덥다 덥다."고 소릴 지르고 다니지만 참뜻은 여름 속으로 달려 들어가 우린 하나가 되어 관능을 탐하는 쾌락처럼 그걸 즐기고 있다. 이번 여름에는 아무데도 가지 않고 집에서 버티고 있다. 일주일에 두어 번 산 숲을 다녀오는 일 외엔 가슴과 등에 땀 지렁이를 키우며 희희낙락하고 있다.

여름 한낮에 시를 읽는 일은 아주 멋진 일이다. 어느 계절엔들 싫을 수가 없지만 특히 찌는 무더워 속에서 쪽박 샘물 맛 같은 시 한 수를 읽다 보면 그 맛을 무엇에 비할 수가 없다. 나는 요즘 연애 시를 읽으며 여름을 나고 있다. 아니다. 여름에 보채고 있다. 시를 사랑하다 보니 무더위까지 사랑하게 됐나 보다. 이 세상에 사랑보다 더 귀한 물건은 다시없음으로.

>간밤에 자고 간 그놈 아마도 못 잊겠다.
>와야놈의 아들인지 진흙에 뽐내듯이
>두더지 영식인지 꾹꾹이 뒤지듯이
>사공의 성령인지 상앗대 지르듯이
>평생에 처음이요 흉측히도 얄궂어라
>전후에 나도 무던히 겪었으되
>참 맹세 간밤 그놈은 차마 못 잊을까 하노라.(작자 미상)

이렇게 솔직할 수가 또 있을까. "기와장이 아들인지 두더지 새끼인지 능숙한 사공인지 진흙을 이겨대듯 들쑤시며 상앗대 내젓는 그 솜씨, 난 정말 못 잊겠네."로 요약할 수 있는 조선시대의 사설시조 한 편은 포르노 영화보다 훨씬 멋지다.

　이 시조를 읽고 있으니 문득 고향집 옆집에 살았던 양자 엄마가 생각난다. 그녀는 일 잘하는 양자 아비와의 사이에 예쁜 딸을 둘이나 둔 여염집 아녀자였다. 그런데 일 년에 한두 번쯤 우리 동네를 스쳐 지나가는 노름꾼과 눈이 맞았다.

　그 노름꾼은 이문열의 단편소설 「익명의 섬」에 나오는 남자 주인공 '깨철이'이거나 아니면 두메산골 과붓집을 일 년에 한 번쯤 들러 소금과 새우젓 그리고 과수댁이 절실히 필요로 하는 성욕까지 해결해 주는 보부상이거나 그것도 아니면 「메디슨 카운티의 다리」에 나오는 클린트 이스트우드처럼 생긴 좌우지간 허우대 멀쩡한 그럴싸한 남정네였다.

　양자 엄마와 노름꾼이 어떻게 만나 어디서 무엇을 했는지 과정은 생략하고 결론부터 얘기하자. 양자 엄마는 노름꾼을 만난 지 열 달 만에 떡두꺼비 같은 사내아이를 낳았다. 이 사실은 양자 아비는 눈치를 챘겠지만 뒷감당이 두려워 꿀 한 술 떠먹지도 못한 벙어리처럼 묵묵부답으로 마음속의 고통을 인내하고 있었다.

　그런데 일은 다른 곳에서 터지고 말았다. 동리 끝집 탱자나무집에 살고 있는 별명이 '탱자'인 처녀가 양자 엄마와 비슷한 시기에 아비 모르는 사내아이를 낳았던 것이다. 동네에선 야단이 났다. 알고 보니 양자 엄마가 낳은 아이와 탱자가 낳은 아이는 밭만 다를 뿐

씨가 같은 한 형제였던 것이다.

  탱자만 입을 다물고 있었으면 양자 엄마의 부정은 그냥 넘어갈 수도 있었다. 그런데 그 노름꾼의 발설로 비밀을 알고 있던 탱자는 미혼모로서 동리 사람들의 손가락질을 혼자 받는다는 게 너무 억울하여 "양자 엄마 귀도 당나귀 귀." 하고 소리를 질러버렸다.

  장소는 우리 집 동쪽 공동 우물가였다. 두 사람이 물길러 나왔다가 우연히 마주쳤다. "애기는 잘 커나?" 양자 엄마의 안부가 화근이었다. "와요, 내가 형님이라 부를까요?" 탱자의 뼈 있는 대꾸였다. "거기 무슨 말이고." "나는 다 알고 있구마." 이런 대화가 오간 후 둘은 머리채를 잡고 늘어졌다. 두 사마리아 여인의 소문은 금세 골목을 타고 번져 나갔다.

  내 어린 시절의 어느 겨울, 우리 동네를 떠돌던 노름꾼, 아니 클린트 이스트우드가 두 여자의 몸과 마음을 피할 수 없게 사로잡을 수 있었던 것은 큰 불질을 할 줄 아는 포수였거나 아니면 대도大盜였으리라. 앞에 적어 둔 사설시조에 숨어 있는 '간밤에 자고 간 그놈'처럼 실력이라 해야 하나 아님 기술이라 해야 하나 어쨌든 대단한 솜씨를 가진 위인인 것 같다.

  그런데 양자 엄마도 탱자도 그 노름꾼을 한 번도 미워하거나 욕하지 않았다. 두 사마리아 여인의 속내가 어떠했는지는 잘 모르겠지만 미뤄 짐작건대 그를 그리워하는 정이 깊었으리라. 시인 최승자의 「Y를 위하여」란 시가 두 여인의 마음을 대변할 것 같다.

너는 날 버렸지.
이젠 헤어지자고
수술대 위에 다리를 벌리고 누웠을 때
시멘트 지붕을 뚫고 하늘이 보이고
날아가는 새들의 폐벽에 가득 찬 공기도 보였어.
나와 내 아이가
이 도시의 시궁창 속으로 시궁창 속으로
세월의 자궁 속으로 한없이 흘러가던 것을
나는 이 지상에 한 무덤으로 누워 하늘을 바라고
나의 아이는 하늘을 날아다닌다.
올챙이꼬리 같은 지느러미를 달고
나쁜 놈, 난 널 죽여 버리고 말 거야
내 아이는 드센 바람에 불려 지상에 떨어지면
내 무덤 속에서 몇 달간 따스하게 지내다
또 다시 떠나가지 저 차가운 하늘 바다로
올챙이꼬리 같은 지느러미를 달고
오 개새끼
못 잊어!(시를 생략한 부분이 있음)

서재에 걸린 소동파의 초상

   서재에 그림 한 점이 걸려있다. 초로의 노인이 삿갓을 쓰고 띠 풀로 엮은 도롱이를 걸치고 걸어오는 그림이다. 아무렇게나 엮은 도롱이의 지푸라기가 어깨와 등 밖으로 듬성듬성 튀어나와 있다. 아랫단에서 이어 엮은 허리를 묶은 끈도 맵짜 받지 못하고 느슨하고 허술하다. 왼팔뚝이 감싸고 있는 낚싯대가 어깨를 기대고 공중으로 치솟아있다.
   고기 몇 마리 잡아 반찬이나 하려고 여울목으로 나간 모양이다. 갑자기 소나기가 쏟아져 더이상 버티지 못하고 돌아가는 참이다. 팔에 걸친 대나무 다래끼가 삐뚜로 기울어진 걸 보니 고기란 놈들의 입질이 없었나 보다. 아랫도리는 베잠방이를, 윗도리는 깃이 길쭉한 흰옷을 입고 비 오는 날 신고 다니기 좋은 나막신을 끌고 있다.
   낚대를 든 촌로는 단순한 시골 영감은 아닌 듯 보인다. 긴 눈썹 아래 야무지게 박혀 있는 두 눈의 눈빛이 형형하고 꽉 다문 입술 위의 팔자 수염에는 냉기가 서려 있다. 비록 도롱이 삿갓을 쓰고 고기 망태를 들었지만 빈한해 보이진 않는다. 귀양살이 온 선비가 심심파적으로 고기잡이에 나섰거나, 아니면 은퇴한 선비가 산천에 묻혀 자신이 풍경의 일부가 되어 세월을 낚고 있는지 모르겠다.

그림 속의 노인이 조선의 어느 선비와 닮았는지를 어림해 보다가 시간을 잃어버렸다. 조선조 중종 때 청렴선비 사재思齋 김정국을 기억해 내곤 '옳다' 싶어 무릎을 탁 쳤다. 사재는 팔여八餘라는 아호를 즐겨 쓰면서 '여덟 가지 넉넉함'을 즐기며 살았던 본받을 만한 선비였다. "토란국 배불리 먹고, 부들자리에서 잠자고, 샘물 실컷 마시고, 서가의 책 읽고, 봄꽃과 가을 달빛을 감상하고, 새소리 솔바람 소리 즐겨 듣고, 설중매와 국화 향을 넉넉하게 즐긴다."라고 '팔여'라고 했다. 팔여 선생도 가까운 '그랑'에서 낚시질을 했다 하니 도롱이 노인이 혹시 사재 어른의 초상이 아닐까.

가만있자, 사재의 초상은 아닌 것 같다. 나는 이 그림을 삼십수년 전 고서화 전문 가게에서 구입한 것이다. 중국 그림은 '우리 풍토에선 수집 대상에서 제외되고 있다.'는 사실을 알면서도 그림이 너무 맘에 들어 보는 순간에 얼어붙어 버렸다. 첫눈에 반한 여자는 더러 있지만 까짓 그림 한 점이 이렇게 나를 끌어당겨 놓아주지 않는 경우는 처음이다. 나는 맘에 들지 않는 그림은 값은 고하간에 오래 지키지 못한다. 떠나보내고 나서 후회한 적이 한두 번 아니다. 도롱이 노인을 내 어린 나이에 돌아가신 아버지쯤으로 생각하고 족자로 표구된 것을 유리 액자로 바꿔 지금까지 서재에 걸어두고 있다.

이십수 년 전부터 풍류에 대한 공부를 하면서 새로운 눈뜸이 있었다. 주야장천 내 벽에 서 있는 삿갓 노인이 풍류객의 진정한 모습이란 생각이 들기 시작했다. 그러고 보니 이 그림이 더욱 귀하게 여겨져 하루에도 여러 번씩 쳐다보며 무언의 대화를 나누곤 한다. 그림 속의 노인은 히말라야 눈사태에 파묻힌 젊은 등산가처럼 세월이 지나도 예나 지금이나 그 모습 그대로이다. 그런데 몇십 년 세월이 지나 시신을 찾았단 소식을 듣고 먼 길을 달려온 아내의 얼굴은 파파 할머니였다.

내 방의 영감도 나이를 먹지 않는 옛날 얼굴 그대로인데 나는 산사나이 아내처럼 날이 지고 새면서 서서히 늙어가고 있다. 요즘은 벽을 기대고 서 있는 노인과 말을 트고 농담까지 주고받는 사이가 되었다. "여보 영감, 맥주 한잔하게." 뚜껑을 딴 차가운 캔 맥주가 땀을 줄줄 흘리며 빙긋 웃는다.

소동파의 「적벽부」에 심취하여 그의 족적을 더듬고 있는 지가 꽤 오래되었다. 동파는 돌을 좋아하여 삼신산 자락인 사문도(장도)에서 바닷돌海石을 주우러 다닌 적이 있다. 그는 자신이 소장하고 있는 설랑석雪浪石이라 이름 지은 산수경석을 몹시 좋아하여 그 돌에 대한 시를 쓰기도 했다.

이는 퇴계가 단양군수 시절 두향이란 어린 기생을 사귀다 짧은

임기를 마치고 떠나기 전날 밤, 그녀의 치마폭에 "죽어 이별은 소리 조차 나오지 않고 살아 이별은 슬프기 그지없네."란 시 한 수를 적어 준 것과 맥을 같이한다. 퇴계는 두향이가 정표로 선물한 빙기옥골氷肌玉骨의 단엽백매 분을 너무나 사랑하여 운명하기 직전, "매화에 물을 주라."는 말씀은 지금도 매화 나뭇가지에 걸려 흔들리고 있다. 수석과 매화 이른바 풍류를 즐긴 동파 선생이니 더러는 낚시질도 다니지 않았을까.

중국에서는 일찍부터 삿갓에 나막신을 신고 귀양살이할 때의 소동파의 모습을 그린 입상이 선비들 사이에 널리 퍼진 적이 있다. 중국의 문인 묵객들은 동파 선생을 흠모하여 그림을 서재에 걸어두고 그의 시와 산문 속에 서려 있는 풍류를 배우려 했다. 당시 중국의 문화를 베끼기에 바빴던 조선에도 그 그림이 들어와 너도나도 그걸 구한다고 설레발을 치곤 했다.

한술 더 떠 추사 계열의 선비들은 제주로 귀양 가 탱자나무 울타리 속에 위리안치됐던 스승의 불우했던 삶을 소동파의 귀양살이에 견주곤 했다. 동파의 입상 구입 바람이 불자 어느 누군가가 삿갓 쓰고 나막신을 신은 추사의 모습을 그려 그걸 시중에 유통시켰다. 조선의 대표 선비라 할 수 있는 추사를 천 년에 한 사람 날까 말까 한 위대한 동파에 비견했으나 찬사와 격려치곤 대단한 것이었다. 그러나 정작 추사는 "다 같은 유배객 신세로 떠돌기는 했지만 내가 소동파가 될 수도 없는데 어찌 그에게 나를 빗댈 수 있겠는가."라며 겸손해했다.

그나저나 벽에 걸려있는 무림도자無林道者란 화가가 그린 삿갓 노인은 내가 상상 속에서 그리워하고 있는 동파 선생과 무척 닮아있다. 이 글을 쓰면서 힐끗 쳐다보니 도롱이를 걸친 선비 어른은 어깨를 으쓱 치켜올리며 한쪽 눈을 찡긋한다. "그래, 잘 봤네. 내가 동파 소식蘇軾이야. 1037년생이니 올해 구백일흔아홉이야. 자네, 사람 볼 줄 아는구면."

동파 어른의 문하에 들어온 지 삼십 년이 훌쩍 지난 오늘에야 자유인의 초상이 바로 바로 스승의 모습이었음을 겨우 알아냈다. 그러니 그의 문학과 풍류를 배우려면 얼마나 많은 세월이 흘러야 할까. 아득하다. 너무 아득하다.

사람이 꽃보다 아름다워

　노인네들은 '아, 아름답다'는 말을 자주 하지 않는다. 볼 것 다 보고, 할 것 다 하고, 놀 것 다 논 노인들은 아름다움이 낯설 것도 새로울 것도 없어 삼라만상이 모두 무덤덤하다. 아름다움은 사람마다 미적 기준이 다르기 때문에 구구각각이다. "헌신짝도 제짝이 있다."는 말이 이를 설명하고도 남는다.
　일상에서 벗어나는 일, 익숙함에서 탈출하는 일이 아름다움과 만나는 지름길이다. 놀이가 그렇고, 여행이 그렇고, 연애가 그렇다. 낯선 풍경은 우리가 풍경이라 부르지만 낯설지 않은 풍경은 풍경이라 부르지 않는다. 다만 '그냥 그것'이라고 말할 뿐이다.
　초등학교 운동장에 개 두 마리가 꽁지를 맞대고 서 있다. 침을 질질 흘리며 서 있다. 학동들에겐 분명 신기하고도 낯선 풍경이다. 그러나 노인의 길목에 들어선 교장 선생님에겐 그 풍경이 하나도 낯설지 않다. 그래서 "교장 선생님, 쟤들이 지금 뭐하고 있습니까."라는 아이들의 질문에 "줄다리기하는 거야."라고 얼버무린다.

나는 나잇살이나 먹었는데도 늙지 못하고 어중간하게 서 있다. 내 눈에는 아직도 모든 것이 낯설다. 풍경도, 사람도, 소리도 심지어 내 그림자를 보고 "너 누구냐?"고 묻는 낯섦 속에 살고 있다. 며칠 전에는 물웅덩이 속 연잎 위에서 짝짓기를 하고 있는 청개구리 한 쌍을 보고 즐겁다 못해 경이로움을 느꼈다. 낯선 풍경은 항상 엷은 흥분을 느끼게 한다.

은퇴를 한 후 할 일이 없어 본격적인 풍경 사냥질에 나섰다. 서서히 사람은 제쳐 두고 꽃과 나무가 눈에 들어오더니 이젠 숲이 내 마음속에 크게 자리를 잡아가고 있다. 어머니의 "그래, 이 세상에는 사람보다 더 이쁜 게 아무것도 없다."던 생전 말씀이 적중해 가고 있는 셈이다. 그런데 저승이란 먼 길에서 나를 찾아 꿈에 나타난 어머니가 "내 말 맞제?"라고 의기양양해 하시면 뭐라고 대답할까. 어머니의 비위가 거슬리지 않게 "사람보다 꽃이 정말 이쁜데요."라고 말해버릴까. 나는 아직 꽃보다는 사람이 더 이쁜데….

오늘 아침 거울을 들여다보니
구레나룻 살쩍머리 온통 백발이네
나이 예순넷이니 어찌 노쇠하지 않을 수 있으랴
가족 친척들은 나의 늙음이 아쉬워

서로 바라보며 탄식하는데
나는 홀로 미소 지으니
그 뜻을 누가 알랴
웃음을 짓고 나서 술상 차리라 이르고
거울 덮고 흰 수염 쓰다듬네.
사는 것이 소중한 일 못 된다면
늙는 것이 어찌 슬퍼할 일이랴
사는 것이 정녕 소중한 일이라면
늙음은 곧 그만큼 오래 살았음일세
늙지 않았다면 요절하였을 것이고
요절하지 않았다면 노쇠하여 마땅한 법
노쇠는 요절보다 나은 것
그 이치 의심할 나위 없네.
우리네 한 평생 일흔 넘기기 드물다고
다행히 그렇게 될 수도 있으리라
그때까지 살 수 있다면
기뻐할 일이로다.
탄식할 일 아니로다.
술이나 한잔 더 기울임세.

– 백거이의 시 「거울 보고 늙음이 기뻐서」

백거이(772~846)는 배포가 크고 활달한 시인이다. 그는 이백이 죽고 10년, 두보가 타계한 지 2년 뒤에 태어났다. 시인의 호는 취음醉吟, 자가 낙천樂天인 것만 봐도 그의 생애를 짐작할 수 있다. 시인은 꾀죄죄하지 않다. 그만큼 도량이 큰 사람이다. 늙어가는 것과 늙어 있는 것에 기쁨을 들이는 그의 시는 풍류로서도 극치에 가깝다.

이백, 두보, 한유와 더불어 '이두한백'이라 불렸던 백거이는 늙음을 거부하지 않았다. 오히려 늙어가는 것을 기뻐하며 작작여유한 삶을 삶으로써 일흔넷으로 네 사람 중에 가장 오래 살았다. 이백은 61세, 두보는 59세, 한유는 56세까지 살았으며 소동파는 65세에 죽었다.

특히 두보는 폐결핵과 당뇨에 시달리면서 시에서도 "많은 병에 오직 구하고자 하는 바 약물뿐이니"라고 약 타령을 늘어놓다가 만년에는 "몰골이 늙고 흉하여 흐린 술잔의 술을 새로 끊었노라."고 읊기도 했다. 그러나 백거이는 우선 사물을 보는 눈이 달랐고 술을 대하는 태도가 남달랐다. 그의 시 「눈 오는 날의 초대장」을 읽어 보자.

  술이 익어 부글부글 괴어오르고
  화로에는 숯불이 벌겋네.
  해질녘 눈이 올 것 같은 날씨
  술 한잔하지 않을 수 있겠는가.

나는 이 글을 쓰면서 가수 안치환이 부른 「사람이 꽃보다 아름다워」란 노래를 듣고 있다.

지독한 외로움에 쩔쩔매본 사람은 알게 되지/ 우렁우렁 잎들을 키우는 사랑이야말로/ 짙푸른 숲이 되고 산이 되어/ 메아리로 남는다는 것을/ 누가 뭐래도 사람이 꽃보다 아름다워/ 사람이 꽃보다 아름다워…

남촌南村 수필

고등학교 한 시절을 대구의 남산동이란 달동네에서 살았다. 이문구의 소설 「관촌 수필」에 버금가는 아름다운 수필과 같은 그런 동네다. 집집마다 수도가 없어 물은 마을 입구 공동수도에서 물지게로 져다 먹어야 했다. 땔감은 제재소에서 피죽과 톱밥을 사 오거나 장작 한 평을 사서 장작 패는 노인을 불러 일일이 잘게 쪼개야 겨우 불을 지필 수 있는 궁색한 살림이었지만 달동네 시절은 그래도 행복했다.

어머니는 자녀들의 교육을 위해 논 서 마지기를 처분하여 고향을 떠나 대망의 꿈이 서려 있을 것 같은 도시로 출애굽기를 방불케 하는 '고향 엑소더스(exodus)'를 감행하신 것이다. 어머니는 믿는 것이라곤 하나님뿐이어서 교회가 가까운 개울가 '다리 걸'에 짐을 푸셨다. 논을 팔아 마련한 촌 돈은 가뭄에 논물 마르듯 했고 궁여지책이 짜낸 지혜는 결국 하나님과의 거리가 가까우면서 방세가 싼 저 높은 곳인 '만뎅이'로 이사 가는 수밖에 다른 도리가 없었다.

 삼 년 동안 몇 번이나 이사를 다녔는지 기억이 희미하다. 방세가 싼 다세대 주택은 아침이 괴로웠다. 변소 옆방인 우리 방은 '굿모닝'과는 거리가 먼 '개나발 같은 아침'이었다. 볼일 보러 나온 사람들이 방문 앞에 줄을 지어 늘어섰고 "빨리 안 나오고 뭐하노."란 구시렁거리는 소리들로 새벽이 소란스러웠다. 열 세대가 넘는 대가족이 단 두 개의 대변소를 사용했으니 '용변이 곧 지옥'이었다.

 결심은 어머니의 몫이었다. 어느 날 아침 "안 되겠다."라고 한마디 하시더니 고향으로 내려가셨다. 아들 다음으로 귀하게 여기던 문전옥답 서 마지기를 팔아 우리는 네 세대가 살고 있는 골목 안집 웃채 큰방으로 이사를 가게 되었다. 이 집은 아침부터 '굿모닝'이었다. 용변을 보면서 노래를 불러도 간섭하는 이가 없었다. 그야말로 만포장이었다. 그것보다 우리 교회 중등부에서 가장 예쁜 여학생이 아래채 방 두 개를 얻어 어머니를 비롯하여 오빠네 가족과 함께 살고 있었다.

 이름은 춘자였다. 어느 상업여고를 다녔는데 신앙심도 좋아 중등부 부회장을 맡고 있었다. 얼굴과 몸매도 자그만하게 예쁘게 타고 났지만 가난은 그녀나 나나 피장파장이었다. 오빠는 폐결핵 환자였고 그녀의 올케가 무슨 일을 하는지는 몰랐지만 가계를 책임지고 있었다. 춘자네 집은 여름 저녁을 멀건 물국수로 때우는 일이 잦았지만 큰소리 한 번 들리지 않을 정도로 화목했다.

춘자네 집으로 이사를 오고부터 나는 괜히 신이 났다. 문구멍으로 춘자가 어른거리는 모습만 봐도 마냥 즐거웠다. 그런데 정작 춘자는 동급생인 나를 대하는 태도는 별로였다. 정확하게 이야기하면 그녀는 나를 어린 동생쯤으로 생각하는 것 같았다. 그게 뭔 대순가. 춘자와 한집에 살고 있는 나는 즐거웠고 아침에 시원하게 용변 볼 생각만 해도 웃음이 절로 나왔다. 오 해피 에브리 데이.

오히려 바쁜 것은 내 친구들이었다. 중등부 회장인 영호는 이 집으로 이사 온 후부터 "새벽 기도에 가자."며 매일 새벽 4시에 나를 부르러 왔다. 그가 새벽마다 우리 집으로 온 것은 춘자 때문인 것 같았다. 그래도 나는 한 번도 새벽 기도에 가 본 적이 없었다. 나는 새벽 기도를 통해 회개할 정도의 죄를 짓지 않았을뿐더러 하나님 다음인 비서실장 자리를 준다 해도 혼곤한 아침잠의 단맛과 바꿀 생각은 지금도 없는 사람이다.

우리 바로 옆방에는 나보다 한 학년 위인 애자가 홀어머니 밑에서 여고를 다녔다. 그녀도 폐결핵 환자였다. 애자는 특히 환절기에 기침을 하다 각혈을 하곤 했다. 옆방에 살고 있는 나에게 들키지 않으려고 이불을 뒤집어쓰고 몸부림치는 보이지 않는 모습은 정말 가련했다. 그러나 나는 아무것도 도와줄 수가 없었다. 어머니는 결핵에 전염될까 봐 "애자하고는 이야기도 하지 말아라."는 당부를 자주 하셨다. 애자도 그걸 알았는지 내게 말도 잘 걸지 않았다. 나는 두

소녀 옆에 살고 있었지만 외로운 섬에 갇혀 있는 로빈슨 크루소와 별반 다를바 없었다.

애자네 옆방에는 미자네가 살고 있었다. 미자는 나보다 서너 살 위였다. 그녀는 이미 바람난 암캐처럼 어디를 싸돌아다니는지 밤이고 낮이고 얼굴을 잘 볼 수 없었다. 미자는 그때 남산동에서 이름난 귓병 전문집 강 영감 딸인 귀자와 '미꾸미'란 일본식 이름으로 불렸던 늘씬한 몸매의 멋쟁이와 한패가 되어 또래 머슴애들과 어울려 다녔다.

미자 동생인 홍수는 창녀촌인 해방 골목의 쇼리였다. 그는 어쩌다 한 번씩 집으로 들어왔다. 집에 들어와서는 누나인 미자에게 성병약을 사달라고 졸라댔다. 그러면 미자는 동네가 떠나가도록 '창녀와 놀다가 몹쓸 병에 걸린' 사실을 고래고래 고함을 질렀고, 홍수는 그럴 때마다 '제이미 씨이'란 욕설을 앞세우고 도망치듯 동네를 빠져 나가곤 했다.

내가 이 집으로 이사 오고 난 후 나와 제일 친했던 동급생인 인수는 우리 집에서 살다시피 했다. 인수의 마음 한가운데에 춘자가 크게 자리를 잡기 시작했으나 그녀는 알아차리지 못하는 것 같았다. 그렇다고 인수가 정면으로 나서서 "창문을 열어다오." 하면서 세레나데를 부를 수도 없었다.

세월은 흐르고 또 흘렀다. 고향 탈출에 실패한 어머니는 다시 고향으로 돌아가 도시로 떠날 때 팽개쳐버린 호밋자루를 다시 잡았다. 나는 등록금이 가장 싼 국립대학교로 진학했다. 서울로 올라가 대학생이 된 인수는 그새 춘자를 잊었는지 방학이 되어도 대구로 내려오지 않았다.

우리는 헤어지면서 교회 중등부의 또래 회원들과 이십 년 후 크리스마스이브에 우리가 다니던 교회에서 모이기로 약속했지만 그 약속이 지켜졌는지는 내 스스로 그걸 잊어버렸다. 대개 그런 약속은 영화에서나 있을 법한 일이다. 무엇이 엇갈려 만나지 못함은 뜨거운 만남보다 더 큰 의미가 있다는 걸 전혀 모르는 상태에서 실천에 옮긴 셈이다.

나는 대학 졸업 후 얻은 직장이 신문사였고 언론계 생활이란 게 항상 그렇듯 바쁘게 돌아다니다 보니 서른 잔치는 나도 모르는 사이에 끝나버렸다. 어영부영하다 사십 대를 향해 치닫고 있었다. 사회라는 것, 그리고 생활이라는 것은 얻는 것보다 잃는 것이 더 많았다. 인수와 나도 예외는 아니었다. 우린 꿈을 잃어버렸고 꿈을 꿀 수 있는 가능성마저 묻어버리고 오로지 생활에만 매달려 있었다.

어느 날, 약전골목 입구에서 아기를 손에 잡고 등에 젖먹이를 업고 걸어가는 춘자를 만났다. 옛 모습은 간 곳 없고 고단함이 중동 여인의 차도르처럼 그녀의 온몸을 친친 감고 있었다. 건성으로 안부를 묻긴 했지만 약간의 연민의 정 외엔 다른 감정을 느낄 수 없었다. 춘자도 옛날 춘자가 아니었다.

세월은 다시 바쁘게 흘러갔다. 간염이 간암으로 진행되고 있는 인수가 서울에서 내려와 옛날 내가 살았던 집, 함석 물받이가 길게 뻗어져 있는 춘자네와 함께 살았던 그 집에 가 보자고 제의했다. 세월은 의식만 혼미하게 만드는 것이 아니라 도로며 골목길까지 노출과 거리가 맞지 않는 흑백사진처럼 흐려져 그 집을 찾기가 몹시 어려웠다. '살아있는 한 추억은 계속 바뀌고 있다.'는 말을 그 골목을 서성거리며 실감할 수 있었다.

인수는 아마 죽기 전에 자신의 첫사랑에 대한 기억을 제 몸을 다 태운 촛불의 마지막 불꽃처럼 '그 집 찾기'를 결행한 것 같았다. 그러나 소득은 아무것도 없었다. 아련한 추억의 끝자락만 잡고 늘어지는 안타까운 오열이었을 뿐 정말 아무것도 아니었다. 사랑, 첫사랑은 이렇게 기억을 떠올리는 자체가 측은하기 짝이 없는 기막히게 허망한 것이었다.

그러다 얼마 후에 인수가 유명을 달리하고 말았다. 이화여대 목동 병원 영안실에 누워 있는 그는 말이 없었고 눈물이 범벅이 된 여고 제자였던 미망인은 나를 울음으로 맞았다. 한 시대가 가면 사랑도 가는 것.

인수가 떠난 빈소에는 "새벽기도에 가자."며 나를 부르러 왔던 목사가 된 영호가 호상 자격으로 장례 절차를 관장하고 있었다. 춘자라는 골문을 향해 단독 드리블로 질주하던 인수는 골대를 향해 슈팅 한 번 제대로 날려보지 보지 못하고 생을 마감해 버렸다. 결국 레드카드인 패널티 아웃 판정을 받고 이승이라는 경기장에서 쫓겨

나고 말았다. "마지막으로 춘자 한번 봤으면 좋겠다."던 그의 목소리가 장례식장 주위를 서성이고 있는 나의 귓전을 떠나지 않았다.

　사랑이란, 미혼모가 길러 낸 사생아 같은 것. 떨쳐 떠나보내기엔 너무 애처롭고 혼자 간직하기엔 너무 고통스러운 것. 사랑이란, 제가 불러 꽃피우고 제가 불태워 재 뿌려야 하는 것. 먼 훗날 혼자 찾아와서 없어진 흔적을 찾아 장끼처럼 한나절 내내 통곡하다 가야 하는 것. 사랑이란, 떨쳐 버릴수록 달라붙는 운명 같은 것. 벗어나려 발버둥칠수록 더욱 조여드는 올가미 같은 것. 아, 그러기에 한 수레 가득 숙명으로 실어 허기진 통곡으로 저승까지 끌고 가야만 하는 것."

- 양명학의 시 「사랑에 대한 연가」 중에서

인수를 떠나보내던 날, 관 속에 「사랑에 대한 연가」와 같은 시 한 편을 넣는 건데 그러질 못했다. 늦었지만 저승에서 쉬고 있는 인수가 오늘 보내는 이 시를 춘자가 보낸 것처럼 생각하고 읽어주었으면.

진달래꽃은 붉었어라

　진달래꽃이 지게를 타고 산에서 내려오면 봄은 한창이다. 앞집 태분이 아버지는 아침 일찍 대나무 도시락에 보리밥을 꾹꾹 눌러 담아 나무하러 산으로 올라간다. 갈비(마른 솔잎) 한 짐에 지는 해를 덤으로 짊어지고 집으로 돌아오는 지게에는 항상 진달래꽃이 넌출넌줄 춤을 추었다. 진달래 디발을 장독대 옹추마리에 꽂아 놓으면 꽃잎이 싱싱해져 다음날 태분이의 간식거리가 되곤 했다.
　농촌의 봄은 긴 겨울보다는 그래도 나았다. 고픈 배를 달래줄 밭두렁의 '삐삐'(삘기의 사투리)도 있었고 달착지근한 단물을 머금고 있는 찔레 줄기도 있었다. 그러나 그 어느 것도 주린 배를 채워주지는 못했다. 진달래 역시 많이 먹으면 뱃속만 쓰릴 뿐 위장이 안락해지는 음식은 아니었다. 그래서 소월 시인도 '아름 따다 가실 길에 사뿐히 즈려밟고 가시도록' 진달래를 뿌리기만 했지 그 꽃을 따먹었다는 시는 남기지 않았다.

두 살 아래인 태분이가 나를 좋아하는 것 같았다. 학교에 다녀와 몽당연필에 침을 발라가며 숙제를 하고 있으면 삽짝을 밀고 그 여자아이가 찾아온다. 그때는 '오빠'라는 호칭이 요즘처럼 범람하지 않은 시절이어서 그냥 말없이 들어선다. 여느 때처럼 손에는 진달래꽃이 들려 있었다.

그 아이는 진달래를 눈 구경 꽃으로 들고 온 게 아니라 요깃거리 음식으로 들고 온 것이다. 마음속으로 좋아하는 이웃 오빠뻘 머슴애에게 줄 수 있는 것이라곤 그것밖에 없었기에 자신이 먹고 싶어도 먹지 않고 아껴둔 것을 갖고 온 것이다. 며칠 전 그 아이가 갖고 온 진달래를 먹고 설사를 한 적이 있어 "인자 니가 갖고 오는 참꽃은 안 묵는다. 알겠제." 하며 퉁명스럽게 쏘아붙였다. 그날 태분이가 진달래 꽃묶음을 치마 뒤로 감추며 눈물이 그렁그렁한 슬픈 표정을 잊을 수가 없다.

나는 그 날 태분이가 받을 마음의 상처는 생각하지 못했다. 사랑을 사랑으로 인정받지 못하는 자존심 때문에 그 아이는 밤새 속이 상해 잠을 설쳤을 것이다. 아침에 일어난 태분이는 지게를 메고 산으로 향하는 아버지에게 "다시는 진달래꽃을 꺾어 오지 말라."고 부탁했을지도 모를 일이다.

그렇게 세월은 흘러갔다. 나뭇짐을 지고 내려오다 언덕에서 떨어져 무릎을 다친 아이의 아버지는 더이상 산으로 갈 수 없었다. 푸

줏간의 막일꾼으로 일하다 내가 초등학교를 졸업할 무렵에 세상을 뜨고 말았다. 태분이는 식모살이를 하러 도시로 가는 어미와 함께 고향을 떠났지만 아무도 그들의 소식을 아는 사람은 없었다.

내가 중학에 진학하고 한참 뒤에야 태분이가 내게 갖다 준 진달래 꽃묶음이 사랑의 증표였음을 어렴풋이 알게 됐다. 그러나 "인자 니가 갖고 오는 꽃은 안 묶는다."고 말해버린 가슴에 못이 되는 배신의 막말이 평생의 한으로 남지는 않았는지 그게 궁금하다.

> 그해 봄 결혼식 날 아침 네가 집을 떠나면서 나보고 찔레나무 숲에 가보라 하였다. 나는 거울 앞에 앉아 한쪽 눈썹을 밀면서 그 눈썹자리에 초승달이 돋을 때쯤이면 너를 잊을 수 있겠다 장담하였던 것인데, 나는 기어이 찔레나무 숲으로 달려가 덤불 아래 엎어놓은 하얀 사기 사발 속 너의 편지를 읽긴 읽었던 것인데 차마 다 읽지는 못하였다. (중략) 세월은 흘렀다 타관을 떠돌기 어언 이십수 년, 어쩌다 고향 뒷산 그 옛 찔레나무 앞에 섰을 때 덤불 아래 그 흰빛 사기 희미한데 예나 지금이나 찔레꽃은 하얬어라 벙어리처럼 하얬어라 눈썹도 없는 것이 꼭 눈썹도 없는 것이.

송찬호의 「찔레꽃」이란 시를 읽고 있으면 진달래와 찔레의 이미지가 겹쳐 혼란스럽다. 시 속의 신부 얼굴에 눈물이 그렁그렁한 태분이 얼굴이 오버랩되어 나를 미치게 만든다. "진달래꽃은 붉었어라, 오! 벙어리처럼 붉었어라."

설사 돼지고기

  고향 집에선 소를 키우지 않았다. 송아지 살 돈이 없었다. 소 먹일 꼴을 해 올 일손도 없었다. 송아지가 커서 어미 소가 되어도 쟁기질할 장정이 없었다. 그래서 우리 집에는 소가 없었다. 우리 집에는 돼지우리가 있었다. 우리 속에는 돼지 한 마리가 크고 있었다. 두 마리 살 논이 없었다. 두 미리를 먹일 등겨가 없었다. 그래서 한 마리만 꿀꿀거리며 똥을 쌌다.
  우리 집에 닭은 대여섯 마리가 있었다. 병아리는 돈 주고 사지 않았다. 암탉이 낳은 달걀이 병아리가 되었다. 암탉 여러 마리가 수탉 한 마리만 데리고 살아도 질투하지 않고 재미있게 살았다.
  우리 집 돼지는 어미 돼지가 되면 장사꾼이 싣고 가버렸다. 다음 장날 돼지 새끼 한 마리를 들여놓으면 숫자에는 아무 변동이 없었다. 돼지죽 주고 똥 치우는 일은 장남인 내 담당이었다. 돼지는 키

워서 팔아야 공납금이 되는 줄은 알았지만 그걸 잡으면 돼지고기가 되는 줄은 한참 뒤에 알았다.

어릴 적 생일상에도 돼지고기는 올라오지 않았다. 또래 동무들이 "비계가 붙어 있는 돼지고기를 많이 먹고 설사를 했다."는 이야기를 들으면 나도 설사를 한번 해봤으면 소원이 없을 것 같았지만 설사는 분에 넘치는 꿈이었다.

중학 1학년 때 시원하게 설사를 할 천금 같은 기회가 찾아왔다. 큰 누나가 결혼을 할 때 키우던 돼지를 잡았다. 결혼 날짜는 우리 속 돼지의 몸집 크기를 보고 정했다. 알맞게 커 잡아도 좋을 날짜에 혼인 예식을 치른 것이다. 우리 돼지는 그냥 꿀꿀이가 아니라 택일을 전문으로 하는 철학관 주인이었다.

일곱 살 때부터 닭을 잡았던 나는 예식 전날 돼지를 잡는다기에 신이 났다. 칼잡이인 선동이 아버지 옆에 섰다가 돼지 다리를 붙잡아 주고 엉겁결에 싸 붙이는 똥을 치우기도 했다. 순대를 만들기 위해 내장을 장만할 땐 냇가로 따라가 꼬챙이로 창자를 뒤집어 밀가루와 굵은 소금을 뿌려 씻는 일을 거들기도 했다.

잘 삶은 사지는 각을 떠 소쿠리에 담아 바람이 잘 통하는 감나무 가지에 걸어 두었다. 순대는 젖은 삼베 보자기로 덮어 두었다. 불린 찹쌀, 두부와 당면, 부추, 파, 마늘 등을 선지에 버무려 창자 속에 넣고 삶아낸 순대의 맛은 '안 먹고 살아남기보다 먹고 죽을 만큼' 맛있었다. 순대는 생전 처음 먹어보는 기이한 음식이어서 슬금슬금 어머니의 눈치를 살펴 가며 계속 훔쳐냈다.

비계가 둥둥 뜬 돼지 국물에 순대를 넣고 밥까지 말아 두어 그릇 뚝딱하고 나니 세상에 부러울 것이 없었다. 그런데 저녁 답이 되자 갑자기 뱃속에서 우르릉하는 천둥소리가 들리더니 먹구름 소나기가 내려 빠지기 시작했다. 초근목피에 길들여진 기름기 없는 내장이 한꺼번에 밀어닥친 순대와 비계가 분출하는 에너지를 감당하지 못했다. 초등학교 시절에 그렇게 원했던 '설사의 꿈'이 드디어 이뤄진 것이다. "아이고, 배야. 하나님 아버지, 감사합니다. 아이고, 내게도 설사를 하게 하시다니요."

고로쇠 물을 마시러 김천 청암사를 거쳐 수도암엘 갔다. 암자로 올라가니 이틀 전에 내린 눈이 자북하게 쌓여 발목이 빠질 정도였다. 아이젠은 없었지만 눈 산행을 즐길 절호의 찬스였다. "올라갈 수 있는 데까지 가보자." 수도산 정상으로 향하는 능선 길은 몹시 미끄러웠다. 어느 누가 소리를 질렀다. "내려가서 지례 흑돼지나 먹자."

지례 흑돼지는 누나가 시집갈 때 잡았던 우리 집 돼지와 모양이 흡사했다. 토종에 아주 가까운 검은 털을 가진 왜소한 체형이었다. 그렇지만 물 맑은 산골에서 자라 비계는 차지고 투명하며 살도 탄탄하고 쫄깃쫄깃했다.

지례 읍내에 도착한 후 식당 중에서 손님 신발이 가장 많은 식당으로 들어갔다. 고기 굽는 매캐한 연기와 손님들의 "여기 추가요."

하는 소리들이 범벅이 되어 온통 난장판이었다. 음식점이 절간처럼 조용하면 맛은 별로라는 걸 나는 안다.

　우리는 소금구이 돼지고기와 막걸리를 시켰다. 지례 흑돼지구이와 상주 은척 양조장의 '은자골 탁배기' 맛이 멋지게 잘 어울렸다. 오랜만에 맛있는 삼겹살을 한 입 먹어보니 어릴 적 고향 생각이 났다. 갑자기 설사를 하고 싶다는 생각을 하곤 혼자 웃었다. 아이고 배야.

고향 언덕 궤나 소리

 궤나는 악기지만 흔한 악기는 아니다. 궤나가 연주되는 소리는 아직 들어보지 못했다. 궤나라는 낱말은 우리말 큰 사전에도 나오지 않는다. 궤나가 악기라면 어디에 속하는 것일까. 목관, 금관, 건반, 현이나 타악기에도 속해 있지 않으니 천사들이 부는 나팔 같은 것일까.

 남미 페루 사람들은 이빨이 숭숭 박혀있는 당나귀 턱뼈로 챠키이나란 악기를 만들어 사파테오란 춤을 출 때 그걸 두드렸다. 잉카인들은 사랑하는 이가 죽으면 사람의 정강이뼈로 궤나라는 악기를 만들어 떠난 이가 그리울 때마다 그걸 꺼내 구성지게 불었다고 한다.

 성악가들이 부르는 아리아는 아랫배에서 가슴을 거쳐 입으로 연주하는 육관(肉管)악기의 음악이라면 궤나 소리는 사람 뼈에 뚫린 구멍을 통해 새어 나오는 단음절로 연주되는 골관(骨管)악기의 음악이다.

궤나로 연주되는 소리를 한 번쯤 들어보고 싶다. 그리움이 끝없이 이어지면 비탄의 심연 속으로 빠질 수밖에 없다. 그렇다면 가슴 속에서 터져 나오는 눈물 조각들이 한숨에 섞여 흐르는 듯한 에드워드 엘가의 첼로 협주곡 E단조와 같은 슬픔으로 끓인 범벅 같은 것일까. 미켈란젤로가 조각한 피에타(Pieta)에서 성모 마리아가 숨이 끊어진 예수 그리스도를 안고 흘리는 보이지 않는 눈물의 줄기 같은 것일까. 아니면 영화 「미션」에서 오보에를 연주하는 가브리엘의 「넬라 판타지아」(엔리오 모리코네의 곡)처럼 맑고 날카로운 음색이 가슴을 후벼 파는 그런 음악일까.

정강이뼈로 만든 악기가 있다고 한다./ 사랑하는 사람이 죽으면 그 정강이뼈로 만든 악기/ 그리워질 때면 그립다고 부는 궤나/ 집으로 돌아가지 못한 짐승들을 울게 하는 소리/ 오늘은 이 거리를 가는데 종일 정강이뼈가 아파/ 전생에 두고 온 누가/ 내 정강이뼈를 불고 있나 보다/ 그립다 그립다고 종일 불고 있나 보다

- 김왕노의 시 「궤나」의 부분

「궤나」라는 시를 읽고 있으니 까마득하게 잊고 있었던 오래전 기

억이 문득 되살아난다. 자정이 넘은 시간에 친구에게서 다급한 전화가 걸려왔다. "막내동생이 조금 전에 숨졌다."는 안타까운 전갈이었다. 친구는 무엇을 어떻게 할지 몰라 급하게 나를 부른 것 같았다.

막내는 스물다섯으로 시 쓰기에 매달려 있던 문청이었다. 흔히 그렇듯 시인의 생활 패턴은 개판에 가까워야 하고 술을 많이 마셔야 좋은 시가 써진다고 믿고 있던 그런 시대였다. 그 녀석도 불확실한 믿음에 순종하면서 건강을 돌보지 않았기에 결국 이른 죽음을 맞이한 요절문인 대열에 합류하고 말았다.

동생을 잃은 친구도 그렇거니와 석양주에 취해있던 나도 경황이 없기는 마찬가지였다. 지금 생각해도 야밤중에 무슨 일을 했는지 다음날 퇴근 후에 상가에서 있었던 일들을 전혀 기억할 수가 없다. 오래된 기억은 기억이 아니다. 그건 농담에 가까운 환영이다.

중요한 것은 발인 당일이있다. 미혼 총각의 장례는 예나 지금이나 화장을 한 후 유골을 산천에 뿌리는 것이 관례다. 유리창 밖에서 유골가루가 나오기를 기다리고 있을 때 녀석의 친구가 "굵은 뼛조각은 분쇄하지 말고 자기를 주면 동인들끼리 하나씩 나눠 갖겠다."고 했다. 궤나라는 악기를 만든 인디오들의 순진무구한 발상처럼 기특하게 느껴져 그렇게 하겠노라고 했다.

친구 형제와 나 세 사람이 금호강 아양교 밑 강물로 신발 신은 채 들어가 유골 가루를 흘려보냈다. 고인을 보내는 마지막 의식은 그리 오래 걸리지 않았다. 강둑으로 올라와 보니 녀석의 친구는 보이지 않았다. 다른 친구들에게 남은 뼛조각을 전하려 해도 아무도 받으려는 사람이 없었다. 유족에게 맡기려 해도 슬픔에 불을 지르는 것 같아 한지에 싸인 궤나 재료들을 내가 맡을 수밖에 없었다. 박고석 화백의 부인 김순자 여사는 남편이 보관하라며 건네준 약봉지에 싸인 이중섭 화백의 유골 가루를 뭔가 싶어 맛을 봤다는데 그에 비하면 나는 약과지. 아내 몰래 민속품을 모아둔 캐비닛 구석에 감춰두었다. 백자로 구운 어느 문중 묘지에서 나온 지석誌石 두 편을 유골 위에 덮어 두었더니 감쪽같이 감시의 눈길을 피할 수 있었다.

사람이 죽으면 정精의 이탈로 혼魂과 백魄이 갈라지게 된다고 한다. 혼은 가볍고 밝은 성질이어서 영계로 쉽게 진입하지만 백은 무겁고 탁한 기운이 있어서 주검이 놓인 자리에 그대로 머문다고 한다. 하물며 몸을 지탱한 뼈였으니 녀석의 영혼도 우리 집에서 겨울 한 철을 잘 지내다 하늘나라로 올라갔겠지.

결국 대청소를 하던 술래에게 들키고 말았다. 그래도 내 맘대로 내다 버릴 수는 없었다. 이듬해 봄 어느 날 동인들이 고인의 추모시 CD를 만들어 모임을 갖는다기에 그걸 들고 나가 그간의 경위를 설명하고 전해 주었다. 대부분의 친구들은 떨떠름하게 생각하는 눈치였다. 한때 녀석과 연애를 했던 여자 친구조차 뼈 한 조각을 가지려 하지 않았다. 그래, 그리움이 사랑의 다른 이름이란 걸 모르는 철없는 풋사랑이 궤나 음악을 어찌 알랴.

　녀석은 그렇게 갔지만 내가 떠날 땐 무리한 산행으로 자주 관절통에 시달리던 내 정강이뼈로 궤나를 만들어 부는 친구 하나 있었으면 좋겠다. 친구는 떨리는 손으로 괘나를 부여잡고 에콰도르 출신 인디오 뮤지션 레오 로하스가 팬플루트로 연주하는 「El condor pasa」(철새는 날아가고)란 노래 한 곡을 들려주면 얼마나 좋으랴.

　나의 궤나에선 솔숲을 스쳐 지나가는 솔바람 소리가 앞장서 달리면 얼음장 밑으로 흐르는 물소리와 산새 소리가 뒤따라가면서 멋진 화음을 이룰 텐데. 해질녘 고향 언덕에 앉아 내 뼈로 만든 궤나를 내가 부는 일은 없어야 할 텐데.

풍류는 해학이다

　내 서재 이름은 류개정이다. 수류화개水流花開에서 따온 말이다. 난생처음 아파트로 이사온 후 시멘트 공간이 너무 답답할 것 같아 달력 한 장을 찢어 뒷면에 매직펜으로 '류개정流開亭'이라 썼다. 아호가 없으니 이름을 쓰고 화가들이 낙관을 하듯 목도장을 여러 번 겹쳐 찍었더니 그럴듯한 당호 편액이 되었다.
　수류화개, 물 흘러가는 계곡에 온갖 꽃들이 만발해 있으니 이보다 더 좋을 수는 없다. 풍류의 극치다. 계류 수에 언뜻언뜻 비치는 구름은 덤이며, 꽃덤불 사이에서 들리는 맑은 새소리는 우수다. 이를 운부조명雲浮鳥鳴이라고 하면 사자성어로 말이 될라나 모르겠다.
　중국 송나라 때 황산곡黃山谷이란 시인이 읊은 "구만리 푸른 하늘에 구름 일고 비가 오도다. 빈산엔 사람조차 없는데 물이 흐르고 꽃이 피는구나.(萬里長天 雲起雨來 空山無人 水流花開)"라는 시에서 비롯된 수류화개가 세월이 흐르면서 풍류를 대변하는 문구로 쓰이고 있으니 어찌 '예술은 길다.'라는 말에 이의를 달겠는가.

류개정이라 이름 짓고 마음속으로 서재의 '벼름박'을 온통 풍류로 도배를 하고 나니 갑갑하던 마음이 겨우 안정을 얻는다. 세 벽면이 일곱 개의 책장으로 들어차 내 한 몸 뉘일 공간으로도 비좁은 터수지만 흘러가는 물소리 백 코러스에 소프라노 새소리가 화음을 이루니 이만한 선경이 어디 있으랴. 거기에다 만화방창 꽃이 핀 가운데 두둥실 구름이 바람에 밀려가니 책을 읽는 학인學人이 아니라 신선이 다 되어가는 기분이다.

수류화개 계곡에 누워 몸을 뒤척이며 온갖 상념에 빠져들다 보니 갑자기 '풍류는 곧 해학'이란 생각이 든다. 풍류를 인간의 심성이란 거울에 비쳐 보면 익살과 풍자 그리고 아주 오래된 농담까지 뒤섞여 있는 해학의 집합이라 말할 수 있을 것 같다. 멋은 반듯하게 정돈된 데서는 나오지 않는다. 곧이곧대로 사는 사람에게서 인간미를 느낄 수 없듯 '인간미가 없는 사람은 풍류객이 될 수 없다.'는 결론에 이르게 된다.

쟁기질하던 소가 앞발을 다른 이랑에 걸치고 남의 콩밭을 넘볼 때 비로소 멋이 생겨난다. 농부는 "워디로 워 워." 하면서 코뚜레에 매여 있는 줄을 잡아당기기는 하지만 소의 행실을 탓하지는 않는다. 사람도 마찬가지다. 퇴근길 목롯집에 들러 목을 축인 다음 주모의 엉덩이를 은근슬쩍 두드려 봤다고 그걸 흠잡을 사람은 없다. 물

흐르는 곳에 꽃이 지천으로 피어 있으면 농담도 진담처럼 노랫가락이 저절로 흘러나오기 마련인 것이 이게 바로 멋이다.

걸음걸이는 헐겁게 모자도 비뚜로 쓰고 낡은 국방색 야전잠바를 아무렇게나 걸치고 파리의 뒷골목을 배회하는 영화 속 더스틴 호프만 같은 배우에게서 무한한 매력을 느낄 수 있다. '연말이면 적금 타서 낙타를 사고 월말이면 월급 타서 로프를 사서 산과 사막에 가는' 그런 엉뚱한 짓을 할 줄 아는 사람에게서 우리는 진정한 멋을 느끼게 된다. 파리의 뒷골목은 도시의 수류화개 바로 그 현장이다.

풍류에도 질서가 있고 도덕이 있다. 청빈·낙천·우애 이 세 가지는 반드시 바탕되어 있어야 한다. 그렇다고 부자가 풍류적 삶을 즐기지 못하란 법은 없다. 부자도 풍류를 즐길 수 있되 몇 가지 조건을 갖춰야 한다. 우선 풍류가 사치스럽게 흐르지 않아야 한다. 사치는 언제나 방탕과 난잡을 불러오기 때문에 그걸 경계하지 않으면 안 된다. "검소하지만 누추하지 않고(검이불루·儉而不陋) 화려하지만 사치스럽지 않아야 한다(화이불치·華而不侈)"는 옛말을 참고할 일이다.

그리고 부자는 가난한 이웃과 주변의 친구들을 진정으로 사랑하는 마음을 갖지 않으면 풍류를 즐길 수 없다. 풍류도 아주 차원이 높아지면 혼자서 즐기는 고고한 경지에 이를 수 있지만 일반적 풍류는 여럿이 함께 즐기는 데서 진정한 즐거움을 느낄 수 있다. 그러니까 풍류도 어떻게 보면 두레 정신이다. 만약 부자가 혼자 풍류의 길로 들어서면 '달밤에 체조'하는 꼴을 면치 못한다. 흐르는 물과 피는 꽃들이 자신만을 위해 흘러가고 또 피어나지 않는 이치와 같다.

조선조 정조 때 선비인 이문원(1740~1794)은 판서를 일곱 번이나 지낸 벼슬아치였다. 관직에서 물러난 만년에는 퇴계원에 머물면서 하인도 부리지 않고 직접 채마밭에서 채소를 기르며 안빈낙도의 삶을 살았다.

하루는 반찬거리 물고기를 잡기 위해 냇물에 낚시를 던지고 있었다. 그때 마침 한양에서 대감을 만나기 위해 심부름 온 도사都事 두 사람이 신발을 벗고 물을 건너기가 뭣하여 낚시질을 하고 있는 촌로를 불렀다.

"급하게 공무를 보러 가는 중인데 냇물을 좀 건너 주게." "그러지요." 도사들은 거드름을 피우며 업혀서 냇물을 건넜다. "대감 계시냐?" "누구신데 나를 찾소." 뒤따라오던 낚싯대 든 삿갓 노인이 웃고 서 있었다. 도사들은 "죽을죄를 지었습니다." 하고 무릎을 꿇고 엎드렸다. 대감은 부엌을 향해 소리를 질렀다.

"여보 부인, 보리술 익었거든 한 초롱 내오시오. 오늘은 귀한 손님이 찾아왔으니 한잔해야겠소."

풍류도 이 정도는 되어야 풍류다. 풍류는 수류화개다. 아니다. 해학이다.

참새 다비하여 얻은 사리

　참새구이집을 그냥 지나치지 못한다. 눈 질끈 감고 통과하려면 목덜미를 누가 당기는 것 같다. 김유신 장군의 말이 천관녀 집을 들르지 않고는 못 배기듯 참새구이집을 못 본 척하고 지나기가 여간 어려운 노릇이 아니다. 삼수갑산을 가더라도 포장집 비닐 문을 젖히고 들어가 소주 한 병에 참새구이 반 접시를 시킨다. "왜 한 접시를 시키지 않느냐."는 주인의 눈총을 따돌리는 데도 상당한 힘이 든다.
　반 접시에 네 마리가 얹혀오면 주인 인심은 짠 편이고 다섯 마리면 후한 축이다. 소주 한 잔 마시는데 참새 반 마리를 먹어야 술과 안주의 리듬이 가까스로 맞아떨어진다. 네 살 때 돌아가신 선친은 막걸리와 파전의 박자를 맞추지 못해 만날 취할 수밖에 없었다는데 거기에 비하면 얼마나 현명한가. 이런 걸 청출어람이라 해도 되는지 모르겠다. 마지막 잔인 일곱 번째 잔은 한 마리 통째로 즐길 수 있다. 이런 행복을 어찌 혼자 누린단 말인가.

어릴 적부터 무엇을 잡는 사냥질을 좋아했다. 초등학교 때는 탱자나무로 고무줄 새총을 만들어 주머니 속에 넣고 다녔다. 어쩌다가 몸피가 큰 콩새라도 한 마리 잡는 날이면 혼자 아궁이 앞에 앉아 얼굴에 검댕이 칠갑을 해가며 구워 먹곤 했다.

나이가 들어갈수록 포획 방법도 달라졌다. 마당에 싸리 소쿠리를 나무 꼬챙이에 받쳐두고 낟알을 듬뿍 뿌려둔 후 참새들이 떼 지어 날아들기를 기다렸다. 참새들이 곡식들을 주워 먹는데 정신이 팔려 있으면 꼬챙이에 묶여 있는 끈을 잡아챘다. 요행히 한두 마리라도 잡히면 다행인데 번번이 실패한 기억뿐이다.

대학 일 학년 때. 대학생이 되었다는 기쁨에 겨워 밤낮없이 친구들과 어울려 다녔다. 그러나 먹을 것이 없는 유희는 허전할 수밖에 없었다. 어느 하루는 동네의 초가집 추녀 속의 참새들을 잡아 푸짐한 파티를 벌이자는 아름다운 음모를 제안했다. 누구는 전지를 구해오고 또 누구는 참새를 쓸어담을 아가리가 넓은 포대에 철사를 두르고 다른 친구는 냄비와 주전자를 들고 왔다.

이윽고 날이 어둑어둑해지자 작전은 시작됐다. 힘센 친구의 목마를 탄 날쌘돌이가 처마밑에 전짓불을 비춰가며 두세 집을 돌자 포대 속엔 잡힌 참새가 열 마리를 넘었다. "야, 이놈들아. 지붕에 불낼라카나. 처마에 불을 갔다 대다이." "할아부지예, 불이 아니라 전짓불이라예." "그래도 불은 불 아이가. 당장 몬 치우나." 전짓불을 횃

불로 착각한 노인의 꾸지람만 없었어도 그날 밤 우리 동네 참새는 씨가 마를 뻔했다.

　참새의 털을 벗기는 친구는 좋아서 희죽거렸고 담밑 응달에 묻어둔 김장김치를 퍼오는 친구도, 두 되짜리 주전자를 들고 시장통 막걸릿집으로 뛰어가는 친구의 다리에도 흥이 실려 있었다. 누드 참새를 냄비 밑바닥에 깐 다음 물을 붓고 끓이다가 김장김치와 두부를 쑹덩쑹덩 썰어 넣고 간을 맞추고 나면 훌륭한 참새찌개가 되었다.

　막걸리에 참새찌개, 궁합이 그렇게 잘 맞을 수가 없었다. 술이 떨어진 빈 주전자를 채우기 위해선 '장껨'(가위바위보)으로 정해진 술래가 막걸릿집으로 뛰어가야 했다. "돌아올 때까지 먹지 마. 내 없을 때 찌개 먹는 놈은 개새끼!"란 욕설이 귓바퀴를 채 돌아나가지 않았는데 냄비 속의 숟가락들은 칼싸움 중이다. 오! 아름다웠던 그리운 날들.

　요즘도 참새구이집 앞을 지나칠 때마다 그해 겨울 그 참새 찌개 맛을 잊지 못한다. 그 집 앞이나 그 참새 맛이나 모두가 그리움인 것을.

　그런데, 그런데 말이다. "참나무 장작불에 참새를 다비茶毘하면 불심 강한 것들은 사리를 쏟아놓는다."는 선방 스님들의 우스개가 있다. 그러나 내가 술안주로 먹은 참새에게서는 사리 한 알 나오지 않았다. 아마 내 안에서 사리가 생성되어 나중 내 몸에서 한 됫박쯤 나올 모양이다. 이건 참말이다.

세 번째 이야기

빗방울 전주곡

 비가 오는 날이면 쇼팽의 전주곡 15번 '빗방울'을 듣는다. 날씨가 흐린 날에도 '어서 비가 오라'고 그 음악을 듣는다. 그 곡을 듣고 있으면 마음에서부터 비가 내린다. 참 좋다. 비가 오면 조금은 쓸쓸하지만 비가 전해 주는 슬픔이 때로는 따뜻한 위안이 될 때가 있다. 그래서 좋다.
 쇼팽의 '빗방울'을 듣고 있으면 슬픈 일도 없는데 피아노 건반 위로 떨어지는 낙숫물소리가 괜히 나를 슬프게 한다. 그럴 때면 빗물이 타고 내리는 유리창 앞에 선다. 눈도 흐려지고 마음도 흐려져 슬픔은 더욱 커진다. 이별의 아픔을 앓는 사람처럼 외롭고 처량하다. 슬플 때는 빗물이 흘러내리는 유리창처럼 울어야 한다.
 '빗방울'을 들을 때마다 두 이미지가 겹친다. 하나는 쇼팽이며 나머지 하나는 나 자신이다. 스물여덟의 쇼팽은 인후결핵을 치료하기 위해 연인인 조르주 상드와 함께 마요르카섬으로 요양을 떠난다. 두 연인은 방을 얻지 못해 폐허가 된 발데모사 수도원에 머물며 투병 생활을 한다. 상드가 약을 구하기 위해 팔마 읍내로 나가자 갑자기 굵은 빗줄기가 쏟아진다.

쇼팽은 지붕에 떨어지는 빗소리를 피아노로 받아 적는다. '빗방울' 속에는 병에 대한 두려움과 초조 그리고 빗속에서 상드를 기다리는 사랑과 연민 등 온갖 감정이 녹아 있다. 곡 전체를 통해 빗방울처럼 들리는 음(A-flat)이 주조를 이루는 가운데 2부로 넘어가면 폭우가 쏟아지는 듯한 굵고 격렬한 음들이 수도원 지붕을 두드린다. 장엄하고 처절하다.

흐려진 창문가에 서서 쇼팽의 '빗방울'을 듣는다. 희미한 기억이 비 오는 날 고향집 추녀밑에 서 있는 소년을 불러낸다. 자세히 보니 그 소년은 바로 나다. 상드를 기다리는 쇼팽처럼 누구를 기다리는 것 같은데 그 기다림의 시간은 지루하고 권태롭다. 마당에 떨어진 빗물이 모여 작은 개울을 만들어 삽짝 밑으로 빠져나간다. 닭들에게 던져준 달걀 껍데기가 소나무 껍질 조각배처럼 물결을 타고 넘실넘실 흘러간다.

나도 쇼팽처럼 외롭고 쓸쓸하다. 논에 물꼬를 보러 나간 어머니는 돌아오지 않고 먹을 것이라곤 아무것도 없다. 비는 더욱 세차게 내린다. 굵은 빗줄기는 마당 가득 물방울을 만들어 다른 흘러가는 모든 것들과 어울려 떠내려간다. 그러나 유독 나의 외로움은 흘러가지 않고 켜켜로 쌓이기만 한다.

 콩만 한 빗방울의 크기를 보고 콩을 구워 먹을까 생각하다가 고개를 흔든다. 머슴애가 부엌에 들락거리는 것을 어머니가 싫어하기 때문이다. 아차, 좋은 생각 하나가 떠오른다. 어머니의 성경책이나 찬송가의 갈피를 뒤지면 연보하고 남은 몇 푼의 지폐가 있을지도 모른다는 이 기특한 생각. 아니나 다를까 당첨복권은 성경책 속에 있었다. 그래서 목사님은 "내가 너희를 긍휼히 여길 것이며"란 구절이 쓰여 있는 성경을 자주 읽으라고 말씀하셨나 보다.

 들에 나간 어머니도 더이상 기다려지지 않는다. 빗소리도 들리지 않는다. 지전 한푼 들고 두 집 건너 공孔씨네 엿방으로 한달음에 달려간다. 비 오는 날 말랑말랑한 갈색 조청만치 맛있는 주전부리 거리는 이 세상에 다시없다.

 동생이 "형아, 니만 묵지 말고 나도 좀 도."라고 말하기 전에 미리 힌 조각 떼어내 선반 위에 올려놓는다. 세상이 어찌 이렇게도 아름다운가. 조청을 사탕 크기로 만들어 입에 넣고 나니 학교에서 배운 온갖 동요가 흥얼거려진다. 어머니가 집으로 돌아오실 때가 되면 책을 펴들고 열심히 공부하는 체해야 한다. 연일 고된 농사일로 속상한 일이 한두 가지가 아닌데 나까지 애를 먹이면 벼락 천둥 치는 일이 벌어지기 때문이다.

 요즘도 비 오는 날이면 내 귀에는 수도원 지붕 위에 떨어지는 '빗방울' 소리가 들린다. 그럴 때마다 그냥 비에 젖은 유리창처럼 울고 싶다.

싱거 미싱

고향에 남아 있는 것이라곤 아버지의 묘소와 호적 그리고 어릴 적 추억밖에 없다. 남아 있는 것이 고작 그것뿐일진대 아버지의 손때 묻은 유물 또한 세 손가락을 넘지 못한다. 그것은 내가 네 살 되던 해에 아버지가 이승을 떠났다는 너무 이른 이별과 도시로 떠나와서 삼십 번이 넘는 잦은 이사의 결과가 아버지의 유흔을 지워버린 것이다.

단 한 가지 지우려야 지울 수 없는 흔적이라면 내 핏속으로 흘러가는 피의 기운과 잠시도 가만히 앉아 있질 못하는 기질은 아버지가 남기고 떠난 위대한 유산인지도 모른다. 이십 년 전인가 집안 구석구석을 뒤지다가 당신의 함자인 문文자 회會자가 선명하게 새겨진 낡은 구두숟갈을 찾아내고 소스라치게 놀란 일이 있다.

그 낡은 구두숟갈 뒷면에는 창씨개명 때 강제로 지은 요시다吉田

란 일본 성이 새겨져 있어 아버지를 만난 듯한 기쁨보다는 씁쓰레한 슬픔을 느낀 적이 있었다. 그것 외에 문서를 보관하던 가죽가방 한 개와 얇은 송판을 대패질한 문패가 유물의 전부일 뿐이다. 어릴 적부터 아버지의 정에 굶주려 온 나로서는 불과 몇 안 되는 손때 묻은 물건을 귀히 생각해 온 터여서 '구두숟갈'이란 제목으로 몇 줄의 시로 읊어보았다.

낡은 구두숟갈에서 아버지의 죽음과/ 민족의 비극을 읽는다./ 요시다吉田라 애써 새긴 낡은 구두 숟가락/ 창씨개명의 비극을 울음처럼 설명하고/ 당신의 죽음을 통곡으로 얘기한다.(중략)/ 후미진 골목길을 헐렁헐렁 빠져나간 시신을 담은 상여/ 한때 요시다의 아들 요시다였던 내가/ 자칫했으면 또다시 요시다로/ 부를 뻔했던 내 아들아/ 낡은 할아버지의 구두숟갈에/ 무슨 글귀를 새겨 네게 물려줄까/ 나는 내 할아버지의 구두숟갈에서/ 민족의 비극을 읽고 있건만/ 넌 도대체 무엇을 읽어야겠느냐"(71. 7. 1.)

그 후 세월이 흘러 이십여 년이 지나도록 아버지의 흔적은 집안 어디에서도 발견할 수 없었다. 나 또한 그 작업은 포기할 수밖에 없었다. 그런데 웬일인가. 오 남매를 끌어안고 서른넷에 청상이 된 어머니가 오십여 년 동안 머리맡에 두고 계시는 손재봉틀 속에 몽당붓으로 쓴 아버지의 글씨체로 적힌 계약서가 발견되었으니 말이다.

〈'차용금 증서' 일금 일백 원야. 담보물 싱가 재봉기 C3864132호 한 대. 우 재봉기는 소화 십이 년 칠월부터 소화 십삼 년 십일월까지 매월 칠 원씩 월부 지불하고 기계매입 동시 선금 삼십일 원 야를 지불함을 증함. 소화 십삼 년 십이월 이십일. 채무자, 경북 경산군 와촌면 소월동 김칠원, 연채무자, 경북 경산군 하양면 금락동 김초선〉

〈차입서, 일금 육십일 원 야. 단, 싱가미싱 한 대 잔액 금을 계약자 김칠원 분을 구문회로 부터 차입함을 입증함, 소화 십사 년 삼월 이십사 일 박봉소, 인(印) 구문회 귀하〉

일본국의 일 전과 이 전짜리 인지가 붙어 있는 두 장의 미롱지에 쓰여 있는 싱거 미싱에 얽혀 있는 얘기를 내 나름의 해석을 가미하여 풀어보려 했지만 그 전모는 알 수가 없었다.

얼굴에 저승꽃이 번지고 있는 올해 일흔여덟의 어머니 무릎 앞에 두 장의 미롱지를 펴놓고 재봉틀이 우리 집으로 오게 된 내력을 물어봤다. 어머니는 쇠미해진 기억을 더듬으면서 재봉틀을 얻었을 당시의 나이인 서른대여섯 살 새댁의 얼굴이 되어 궁금증을 풀어주기 시작했다.

"그래 아버지 글씨구나. 그러니까 너의 셋째 누나가 태어나고 두 칠이 지났을 때 네 아버지가 재봉틀 문서를 들고 들어오셨더구나. 계약서에 연채무자로 되어 있는 김초선은 읍내에 살던 기생으로 김칠원이라는 건달에게 싱거 미싱 한 대를 우려냈나 보더라. 그런데, 김칠원이란 작자는 월부금을 물어 주다가 기생과 정이 떴는지 더이상 돈을 대주지 않자 아버지가 일시불로 갚아주고 재봉틀을 잡아 두었더구나. 그 후 초선이란 기생에게 얼마를 주고 해결을 했는데 기억이 없구나. 모두 옛날 얘기지."

어머니의 소상한 설명 덕분에 궁금증이 풀린 나는 갑자기 다 찢어져 허물허물해진 두 장의 미롱지와 그 속에 씌어져 있는 몽당 붓글씨가 그렇게 소중할 수가 없었다. 표구점에서 희멀건 얼굴이 되어 돌아온 싱거 미싱에 대한 기록이 내 서재에 액자로 걸려있다.

곰국 한 그릇

닷새장이 서는 장날, 4일과 9일은 내 고향 하양 장날이다. 그랑川 옆 둑길을 따라 걸어 들어가면 길옆 양쪽에는 오만 것들이 질펀하게 널려 있다. 봄이면 남새밭에서 갓 뜯은 푸새들이 입맛을 돋우고, 가을이면 호박오가리 무말랭이와 고추튀각 그리고 찐쌀까지 보기만 해도 부자가 된 느낌이다.

고향 장터를 찾아갈 때마다 태어난 강을 죽을 때 찾아가는 연어 같다는 생각이 든다. 실향민을 생각하면 고향이 가까이 있다는 것이 얼마나 큰 기쁨이고 행복인지 정말 다행스럽다. 내 어깨를 스치고 지나가는 촌로들에게 "장에 나오셨습니까." 하고 머리 숙여 인사라도 하고 싶고, 어디 주막으로 모셔가 막걸리라도 대접하고 싶다.

어물전 맨 끝 집 돔배기를 전문으로 파는 가게로 간다. 돔배기 중에서도 '양제기'라고 부르는 귀상어 고기가 색깔은 좀 검어도 맛은 일품이다. 운 좋게 '양제기'의 뱃살 부분을 헐값에 사는 날은 그야말로 횡재한 기분이다. 「고향의 봄」이 휘파람으로 저절로 나오는 날이다. 고향 장터에 오면 으레 들러 요기를 하는 곰국집이 저만치 기다리고 있다. 할매곰국집. 허리를 숙여 들어가면 땟국이 자르르 흐르는 기역자 목판이 펼쳐져 있다.

"잘 오소." 할매는 누구에게나 "오소."다. 정이 담겨 있는 구수한 반말이 국 맛을 낸다. 나같이 키 큰 사람이 일어서다가 양철 천장을 받기라도 한다면 덕지덕지 붙어 있는 그을음이 한움큼 떨어질 판이다. 몸집이 뚱뚱한 할매는 앉아서 엉덩이를 밀고 다닌다. 일흔 중반을 넘은 할매의 온갖 푸념을 듣고 있으면 옛날 생각이 나게 하는 곰국집도 문 닫을 날이 머지않을 것 같아 갑자기 처연해진다.

나는 중학 입시를 보기 위해 처음으로 대구라는 도시에 나가 보았다. 그 날 농사일을 잠시 덮어두고 옥양목 치마저고리를 곱게 차려입은 어머니도 함께 따라나섰다. 답안지에 답을 쓴 품으로 보아 도저히 합격될 것 같지 않았다. 어머니에게 미안하고 자신에게 부끄러웠다.

시험을 마치고 방천 둑길을 따라오다가 어머니는 방천시장 안의 곰국집으로 나를 데려갔다. 두 모자가 달랑 곰국 한 그릇만 시켰다. 어머니는 곰국 그릇을 내 앞으로 밀쳐 주셨고 당신은 맨밥 몇 술을 떠다 말고 숟가락을 놓았다. 답안도 잘 못 쓴 주제에 밥맛이 있을 리 없었다. 곰국을 반쯤 먹다 말고 숟가락을 놓았다. "아이구,

효자데이. 어미 밥걱정을 해서 반도 안 먹고 숟가락을 놓네." 곰국집 주인은 곰국 국물에 밥을 한 술 더 말아 어머니에게 내밀며 "효자 났구마."라는 말로 어머니의 가난을 위로해 주었다.

가난이 싫었고 남루가 싫었다. 돈이 없으면 차라리 굶을 일이지 둘이서 밥 한 그릇만 달랑 시키는 궁상이 싫었다. 국물에 밥을 말아 주는 곰국집 주인의 호의도 싫었다. 중학 진학도 싫었고 도시가 싫었다. 모두가 싫었다. 죽고 싶었다. 그러나 어쩔 수 없었다.

어머니의 보신 일 순위는 곰국이었다. 집에서 닭을 키운 것도 우리 오 남매의 몸보신을 위한 것이었다. 키우던 개도 잡아 고음 솥에 넣고 삶아야 직성이 풀리는 어머니였다. 어머니의 그런 극성이 영양실조를 면하게 해주는 최선책이었으리라. 어머니와 함께 방천시장에서 곰국을 먹고 온 다음 날 나는 심한 설사를 했다. 시험을 잘못 치른 불안감과 일 인분을 시킨 쪼잔한 궁상이 배탈을 일으킨 것 같았다. 쇠고기곰국은 생각만 해도 그때의 가난이 떠올라 진저리나게 싫었다.

사람은 참으로 간사하다. 어렵사리 대학을 졸업한 후 군 복무를 마치고 직장을 얻었다. 언론계라는 것이 별로 생산적이진 못해도 먹고 마시는 것 하나는 여느 직업보다 푸근한 동네다. 동료들과 어울려 도가니탕이니 꼬리곰탕이니 우랑탕 집 등을 다니다 보니 그게 모두 곰국의 변형이었다. 진저리나게 싫었던 곰국집을 제 발로 찾아다니는 꼴이 됐다.

그쯤 되고 보니 옛날 어머니랑 함께 가 둘이서 일 인분을 시켜 기역자 목판 앞에서 쪼그리고 먹던 그 곰국이 먹고 싶었다. 시골로 취재를 갈 땐 장터 풍경이 보이기만 하면 그냥 지나치지 않았다. 그러나 그것도 옛일. 시골 장터의 목판 곰국집들은 하나둘씩 사라져 지금은 찾아볼 수가 없다.

어머니와 함께 고향 장터의 곰국집에 가보고 싶다. 그 날 방천 시장에서의 남루와 궁상을 이야기하면서 눈물 한 줄금 흘리고 싶다. 그러나 어머니는 산으로 올라가신 후 아무 소식이 없다. 겨울이 오기 전에 어머니의 묘소에 올라가 '곰국 한 그릇' 얘기를 하면서 한바탕 웃겨 드려야겠다.

엽전과 바랑

　외로운 사람은 소리가 아픔인 줄 안다. 소리의 근원을 따라가면 풍경을 만나게 된다. 풍경 속에는 그리운 사람이 살고 있다. 그러나 그리운 사람을 끝내 만날 수는 없다. 만날 수 없는 그리운 사람은 아무 쓸모 없는 인간이다. 그래서 소리도 허무하고 풍경도 부질없다.
　달빛이 내리는 소리를 들어본 적이 있는가. 외로운 사람은 달빛 내리는 차가운 소리를 들을 줄 안다. 달빛에 무슨 소리가 들리는지 묻지 마라. 우시장에 나온 암소가 먼저 팔려가는 젖먹이 송아지를 떠나보낼 때 목젖이 덜컹 내려앉는 소리나 외로운 이에게 들리는 달빛 내리는 소리나 그 게 그것이다. 외로운 사람들은 남들이 들을 수 없는 소리까지 들을 수 있다.
　창문을 두드리는 빗소리, 첫눈이 소복소복 쌓이는 소리, 나뭇잎이 마당을 쓸고 지나가는 소리, 한설 삭풍에 문풍지 우는 소리. 이런 소리들은 밤이 즐거운 사람에게는 아름답게 들릴지 모르지만 빈방을 지키는 이들에겐 가슴을 후벼 파는 쓸쓸한 소리로 들릴 뿐이다. 그래서 소리는 아픔이다.

연암 박지원이 쓴 『박씨부인전』에 이런 이야기가 나온다. 부인은 장성한 두 아들이 이웃 과붓집 아들의 승진 문제를 두고 왈가왈부하는 광경을 지켜보다가 입을 연다. "왜, 과부의 자식이 승진하면 안 된다는 게냐. 너희가 과부의 심정을 눈곱만치라도 알고 하는 게냐." 그러면서 자신이 겪어온 외롭고 안타까운 인고의 세월을 견디게 해준 닳고 닳은 엽전 하나를 꺼내 보여준다.

"이 엽전은 내가 외로움을 느끼는 밤마다 만지고 굴린 것으로 글자가 모두 지워진 것이다. 끓는 피의 외침은 아녀자의 의지나 인내로는 쉽게 막을 수가 없었단다. 그럴 때마다 이 엽전을 꺼내 다섯 번이나 여섯 번을 굴리고 나면 분하게 동트는 새벽이 왔단다. 너희들도 과부의 자식인데 어미의 심정을 이렇게 모르다니." 그제서야 두 아들들이 꿇어 엎디어 울면서 자신의 잘못을 빌었다.

세조 때 영양군 이응의 손녀 이 씨는 정반대의 삶을 산 여인이다. 양가에서 태어난 이 씨는 단양군사인 남의라는 사람에게 시집을 갔으나 인물이 볼품없어 마음이 끌리지 않았다. 그러다가 신랑이 병들어 죽었다. 외로움에 지친 이 씨는 달빛 내리는 소리가 귓전에 들릴 무렵 탁발 나온 젊은 승려를 안방으로 끌어들여 진한 정사를 벌인다.

 도둑질도 처음 할 때 손이 떨리지만 두세 번 넘어가면 일상이 되고 서너 번으로 경험이 늘어나면 버릇이 되는 법. 이 씨는 앙코르 요청에 쉽게 응해 주는 탁발승에게 고액의 개런티를 시줏돈이란 이름으로 바랑을 채워 주었다. 육보시에 눈이 어두워진 탁발승은 하루가 멀다 하고 나무아미타불을 앞세워 가랑이 사이의 쌍요령 방울을 흔들며 찾아왔다. 어머나! 나무관세음보살.

 입소문이 나면서 동네 아낙들이 집안을 기웃거리기 시작하자 이 씨는 이웃집 노파의 방 한 칸을 빌려 탁발승과의 그 짓을 계속했다. 공연 중에 문득 꾀 한 수가 떠올랐다. 무대를 빌려 장기 공연을 하는 극단은 아예 극장을 사버리듯 바람만 피울 것이 아니라 개가를 하면 나쁜 소문을 잠재울 수 있을 것 같았다. 허기진 성은 덤으로 해결할 수도 있고. "그래, 양도陽道가 있고 장위壯偉한 남정네에게 시집을 가는 거야."

 이 씨는 친정어머니를 찾아가 상의한 끝에 남편의 신주를 시댁으로 돌려보내며 절연을 통지했다. 그리고 중매꾼을 넣어 인물 좋고 기골이 장대한 첨지 유균을 새 남편으로 맞이했다. 이 씨의 개가를 유모도 말렸고 늙은 노비도 말렸지만 황홀한 밤의 유희만을 생각하는 이 씨의 귀에 그 말이 들릴 리 없었다.

 두 사람은 밤을 낮같이 보낸 십 년 세월 동안 아들을 줄줄이 사탕 엮듯 무려 열 명을 낳았다. 유균의 동료들은 이들 부부의 얼굴을 넣은 동뢰(同牢·부부의 동침)하는 장면을 관청의 벽에 벽화처럼 그려 희롱했지만 그들은 개의치 않았다. 유균은 방사에 너무 많은 기를 빼앗긴 탓인지 이 씨를 만난 지 십 년 만에 병을 얻어 죽어버렸다. 남편을 잃은 이 씨는 또다시 탁발승을 불러들였는지 어쨌는지는 『조선왕조실록』은 더이상 기록하지 않고 있다.

 자, 그러면 정말로 하고 싶은 얘기를 하기로 하자. 어머니는 내가 네 살 되던 해인 서른넷이란 젊은 나이에 아버지를 저승으로 떠나보내고 청상이 되었다. 위로 누님 셋, 막내인 남동생이 태어난 지 오십팔일 만이었다. 평생 농사일에 매달려 골몰하셨던 어머니도 우리 오 남매가 곤히 자고 있는 한밤중에 홀로 일어나 엽전을 굴렸을까. 우리 집에는 엽전이라고는 한 닢도 없는데 어머니는 끓는 피의 투정을 무엇으로 다독였을까.

 우리 집에도 바랑을 짊어진 풍채 좋은 탁발승이라도 더러 찾아왔으면 좋으련만 까까머리 땡초도 얼씬거리지 않았다. 독실한 기독교 신자인 어머니는 예수 그리스도를 풍경 속의 남편처럼 섬기다가 수절 오십사 년 만인 미수米壽의 나이로 이승을 하직하셨다.

 어머니는 어둠이 깔린 후 달빛 내리는 소리 같은 그런 허무하고 적막한 소리를 들으면서 평생을 참고 견뎠으리라. 엽전도 바랑 짊어진 탁발승도 찾아오지 않는 외로운 사람에게는 소리가 정말 아픔이네. 소리가 정말 아픔이야. 바랑 스님 타불, 우리 엄마 아멘.

피아노 음악과 우수의 눈빛 여인

　세계 3대 진미 음식은 통상 송로버섯(truffles) 거위 간(foie gras) 철갑상어 알(caviar)을 꼽는다. 캐비어는 호텔의 뷔페식당에서 연어 회 옆에 놓여있는 것을 맛본 적이 있지만 그것이 진짜 철갑상어 알은 아닌 것 같다. 트뤼플과 푸아그라는 아직 눈으로 보지 못했으니 혀가 맛보지 못한 건 너무나 당연하다. 그러니까 진미 음식은 하나도 맛보지 못하고 지금껏 살아온 셈이다.

　송로버섯은 고대 그리스 시대부터 로마 시절로 흘러오면서 미식가들이 최고로 치는 귀한 음식이었다. 향과 맛이 독특할 뿐 아니라 그게 최음제 효과까지 뛰어났다니까 왕실과 고관대작들 사이에 최고의 인기 품목이었다. 중세 유럽에선 전장에 나서는 군인들이 아내의 아랫도리에 정조대를 채워두고 떠나야 할 정도로 성문화가 찬란했다니 그 틈을 비집고 최음제의 은밀 거래는 크게 성행했으리라.

이 버섯은 수요는 많은데 채취량이 적어 '땅속의 다이아몬드'로 불렸으며 값 또한 엄청났다. 1.2kg짜리 명품이 경매에서 1억5천만 원에 팔리기도 했으며 보통 것도 2,500유로(한화 약 300만 원)를 호가하고 있다.

겉과 속이 검고 견과류처럼 생긴 검정 송로버섯은 프랑스의 페리고르 지방의 것을 최고로 친다. 숲속 나무 밑 30~50cm밑에서 자라는 이 버섯은 훈련된 개나 돼지들의 후각을 이용하여 찾아낸다. 송로버섯을 거위 간 속에 집어넣고 구워내면 그야말로 금상첨화인 일품 최고 요리가 된다고 한다.

푸아그라(foie gras)는 살찐 간(fat liver)이란 프랑스 말이다. 거위에게 간만 키우는 작업은 눈물겨운 고통이 아닐 수 없다. 300g의 옥수수 등 사료를 거위의 입속에 강제로 털어넣고 삼키게 한다. 하루에 3번씩 한 달을 계속하면 거위 간은 보통 것보다 1.35kg 정도 불어나 '간 큰 거위'가 된다고 한다. 이 과정을 가바주(gavage)라 부르는데 당하는 거위에겐 식사가 아니라 고문이자 형벌인 셈이다.

거위 간은 프랑스 북동부 알자스와 로렌 지방의 특산품이다. 굽는 방법은 프라이팬을 달궈 간의 앞뒤를 지진 후 약하게 소금을 치고 브랜디나 꼬냑을 흩뿌려주면 멋진 요리가 된다. 거기에다 청포도나 복숭아조림 등 단맛과 향이 진한 과일을 곁들이면 안주로선 일품이다. 이 방법 외에 간을 짓이겨 토스트에 발라 먹기도 하고 수프에 넣어 먹기도 한다.

캐비어는 상어 알을 여름철엔 소금을 10% 정도 치고 가을에는 8% 정도 쳐 저온으로 숙성시킨 것이다. 흔히 캐비어라고 하면 철갑상어(Sturgeon)의 알로 알려져 있지만 모든 캐비어가 철갑상어 알은 아니다. 대신 어종의 이름을 캐비어 앞에 붙여 연어 캐비어, 럼피시 캐비어 등으로 부르고 있다. 철갑상어 알인 오세트라 캐비어(Osetra Caviar) 한 통이 80~90달러인데 비해 비슷한 양의 참치와 청어 캔은 불과 3달러인 것을 감안하면 캐비어의 위력이랄까 카리스마를 짐작하고도 남는다.

세계의 진미를 이야기하면서 중국요리를 빼놓을 수는 없다. 중국 사람들은 책상다리를 제외한 모든 것들이 요리의 재료가 된다고 믿고 있다. 중국에는 수많은 기이한 요리들이 있지만 그중에서도 원숭이 골과 제비집 그리고 상어지느러미(삭스핀) 요리를 진미 음식으로 꼽을 수 있다.

잠시 삭스핀 얘기를 해야겠다. 나는 어릴 적 고향의 초가삼간에 살 땐 보리밥과 개떡조차 배부르게 먹어보지 못한 허기와 남루의 아픈 기억을 갖고 있다. 그런데 신참 기자 시절 근사한 중국요리점에서 처음으로 맛본 삭스핀 요리는 '감동'이 아니라 '환장'할 정도였다. 중학교 다닐 때 처음 맛본 짜장면 맛이 음식에 관한 첫 번째 감격이었다면 삭스핀은 두 번째 감동의 단계를 넘어선 그런 것이었다.

지금도 어쩌다 삭스핀 요리를 먹어보지만 그 때 그 맛은 분명 아니었다. 세월이 변하면서 지느러미의 질이 떨어졌는지 아니면 주방

장의 솜씨가 옛날 요리의 원형을 찾아내지 못해 그런지 그건 잘 모르겠지만 하여간 혀가 기억하고 있는 그 맛과는 거리가 멀었다.

젊은 한때 꿩 사냥에 미쳐 제주도를 자주 들락거릴 때다. 어느 농장의 농막을 빌려 우리 팀이 공동 숙식을 하고 있었다. 사냥개의 먹이와 반찬거리를 사러 한림읍내 재래시장에서의 장보기가 일과 중의 하나였다. 이른 아침 시장에 나갔더니 상어의 몸통만 잘라가고 대가리와 꼬리 그리고 지느러미 부분만 어판 위에 누워 있었다. 얼른 봐도 황금이나 다름없는 삭스핀 덩어리였다. 조심스럽게 물었다. "이거 개 삶아주게 가져가도 됩니까." "사냥 오셨소, 이천 원만 주고 가요."

나는 빈 포대에 담아 도망치듯 그 가게를 나왔다. 그날 아침부터 우리 팀은 삭스핀 찌개를 물리도록 먹었다. 사냥개들도 주인이 먹다 남은 것들을 잘도 먹어치웠다. 이실직고하지만 소금과 고춧가루만 넣고 끓인 삭스핀은 별로 맛이 없었다.

삭스핀과 같은 진미 요리는 쇼팽의 피아노 음악이 낮게 연주되는 레스토랑에서 화이트와인을 앞에 두고 그렇게 먹어야 될 음식이 아닐는지. 우수에 젖은 듯한 눈빛을 가진 여인과 함께라면 더욱 좋고말고. 꽁보리밥과 개떡에서 출발하여 이천 원짜리 삭스핀 요리로 겨우 올라선 주제에 내가 좀 과했나.

내 고향 물볕마을 이야기

　내 고향은 대구에서 육십 리 떨어진 하양(물河 볕陽)이란 시골이다. 하양을 순수 우리말로 부르면 물볕마을이란 아름다운 이름을 지니고 있다. 내가 태어난 곳은 하양읍 도리리島里里란 곳으로 마을이 섬처럼 동리와 떨어져 있다 하여 사람들은 섬마을을 줄여 '섬마'라 부르기도 했다.

　섬마는 읍내 중심인 하양 지서가 있는 곳에서 걸어서 이십여 분쯤으로 개울보다는 넓고 강보다는 좁은 거랑川을 건너서 또 공설운동장을 가로질러야 닿을 수 있는 외딴 동리이다. 여름철에 불어난 물이 거랑을 넘치게 하여 새로 사 신은 검정 고무신을 앗아가기도 하고 겨울엔 운동장을 휘몰아치는 매운바람이 읍내와의 교통을 단절시키는 그런 동네였다.

　별빛 하나 비치지 않는 겨울밤, "야야, 호야 하나 사 오너라."라는 어머니의 말씀과 공설운동장의 찬바람 사이에서 얼마나 많은 갈등을 했던가. 공설운동장을 쓸고 지나가는 겨울바람은 서쪽에서 불어왔다. 거랑을 건너 장터 입구 잡화 가게에서 산 호야(램프의 유리 등피)를 윗도리 속에 품고 바람을 등으로 받기 위해 뒷걸음치던 그 길고 긴 여정의 공설운동장 길.

 '무궁화 꽃이 피었습니다.'를 백 번쯤 외워도 운동장 한복판을 벗어나지 못했다. 뒷걸음으로 뒤뚱거리던 오리걸음을 잘못 디뎌 호야를 깨뜨리는 날이면 쏟아지는 어머니의 꾸지람, 그것은 떨어진 단춧구멍 사이로 파고드는 겨울바람보다 더 견디기 어려운 아픔이자 고통이었다.

 이런 겨울밤에도 공설운동장 입구 미루나무 밑에는 무엇을 한없이 기다리며 서 있는 장승 같은 광인狂人이 있었다. 우리는 그를 '양지동陽地洞신사'라고 불렀다. 지금 생각하면 광인 청년이 기거하는 움막은 무학산 밑 아버지의 묘소가 있는 양지동 어디쯤이었다고 해서 그렇게 불렀나 보다. 그는 말이 없었다. 어느 누구도 광인 청년의 이름이나 고향을 알지 못했다.

 광인 청년은 멀쑥하게 큰 키에 여름에도 때가 절어 반질반질하게 윤이 나는 오버코트를 입고 있었다. 곧고 긴 콧대에 머리칼은 장발이었으며 영양실조에서 온 퀭한 눈은 고행 중인 예수 그리스도의 얼굴 모습과 무척 닮아 있었다.

 '양지동 신사'는 낮에는 좀처럼 모습을 보여 주지 않았다. 겨울밤,

특히 칠흑같이 어두운 밤에만 운동장 입구에서 동리를 지키는 장승처럼 버티고 서서 하염없이 무엇을 기다리고 있었다. 그가 나타났다는 소문이 번지기 시작하면 나 같은 조무래기들은 예배당에 저녁 예배를 보러 갈 때도 지름길을 피해 방천 둑길로 둘러 가거나 이웃 동리로 돌아가곤 했다.

동네 어른들의 수근거리는 이야기를 종합해 보면 대충 이러했다. 광인 청년은 영천에 있는 과수원집 아들로 태어나 도시에서 신학 공부를 했단다. 같은 교회에 다니던 성가대 처녀와 연애를 했으나 부모들이 결혼을 반대하여 처녀가 자살해 버리자 미친 듯이 산천을 돌아다니다가 급기야는 미쳐서 오늘의 신사로 변했다는 것이다.

해마다 겨울철이면 철새처럼 나타나 공설운동장 입구 미루나무 밑을 지키는 '양지동 신사'는 내 유년의 지울 수 없는 기억으로 남아, 그가 내 고향 마을을 지켜 주는 벅수나 장승처럼 느껴질 때가 한두 번이 아니다. 그 후 청년은 성가대 처녀가 빠져 죽은 강물에 투신자살했다는 소문이 들리기도 했고, 미루나무 밑에서 나무등걸처럼 넘어져 얼어 숨졌다는 얘기가 나돌기도 했으나 아무도 그를 다시 볼 수는 없었다.

이제 내 고향 물볕마을의 양지동 신사는 가고 없다. 그들은 보통 사람들이 감지할 수 없는 정교한 눈으로 한 시대를 내려다보고 미친 체하며 그렇게 살다 갔을지도 모를 일이다.

그런데 오늘을 살고 있는 나는 누구인가. 섬마도 아닌 이 회색 도시에서 정작 갈 곳도 없으면서 떠날 채비나 서두르며 천날만날 그리움에 떨며 살고 있는 나는 정말 누구인가.

풍류객으로 살다 서산에 지려 한다

 소동파의 「적벽부」는 절창 중의 절창이다. 이만한 풍류가 없고 이를 능가할 문학이 없다. 요즘 유행하는 '명작 명품'이란 낱말로 칭송과 경의를 바쳐도 드리는 말씀들이 오히려 품격이 떨어질 정도다. 「적벽부」는 동파 소식蘇軾이 유배지인 황강의 적벽에서 찾아온 손客 둘과 뱃놀이를 즐기며 지은 글이지만 단순한 놀이 글이 아니다. 그 글은 대자연 속에서 우주의 경계를 뛰어넘는 영혼의 자유로움을 노래한 위대한 소네트다.

 임술 가을 기망旣望에 손님과 배를 띄워 적벽 아래 노닐세, 흰 이슬은 강에 비끼고, 물빛은 하늘에 이었더라. 한 잎 갈대 같은 배를 가는 대로 맡겨 일만 이랑의 아득한 물결을 헤치노라. 술을 들어 서로 권하며, 하루살이 삶을 천지에 부치니 아득한 넓은 바다의 한 알갱이 좁쌀알이로다. 우리 인생의 짧음을 슬퍼하고 긴 강의 끝없음을 부럽게 여기노라. 강 위의 맑은 바람과 산간의 밝은 달은 귀로 들으면 소리가 되고 눈에 뜨이면 빛을 이루도다. 손이 기뻐하며 웃고, 잔을 씻어 다시 술을 드니 안주가 다 하고 잔과 쟁반이 어지럽더라. 배 안에서 서로 팔을 베고 누워 동녘 하늘이 밝아 오는 줄도 몰랐어라.

 그동안 풍류에 대한 공부를 해볼 요량으로 옛 선비들이 쓴 서책들을 두루 훑어보았다. 여러 선비 어른들의 시와 시조, 가사들은 후예들에게 귀감이 될 정도로 훌륭한 것들이 엄청 많았다. 혼자 소리내어 읽다가 무릎을 치며 감동한 경우가 한두 번이 아니었다. 그중에서도 「적벽부」를 읽을 땐 온몸에 소름이 돋으면서 마치 내가 동파의 객이 되어 영원을 향해 흘러가는 물결 위에 드러누워 마냥 떠내려가고 싶었다. 이런 경우를 예술적 허기와 갈증을 한꺼번에 채웠을 때 느끼는 짜릿한 오르가슴이라고 한다면 좀 과한 표현일까.
 나만 그런 게 아니었다. 중국은 물론 동파의 정신세계를 동경하던 조선의 선비들은 적벽에 배를 띄운 음력 칠 월 기망날 뱃놀이 흉내 내는 것을 '소식 배우기'學蘇이자 최상의 풍류로 생각했다. 그들은 배를 타고 즐기면서 적벽부 중 마음에 드는 구절을 통소 장단에 맞춰 시창詩唱으로 부르기도 했다. "물은 밤낮 없이 흐르지만 한 번도 저 강이 가버린 적이 없고, 달이 저처럼 찼다가 기울지만 끝내 조금도 없어지거나 자란 적이 없다오. 변한다는 관점에서 보면 천지는 한순간도 가만히 있을 수가 없고, 변하지 않는다는 관점에서 보면 만물과 내가 모두 무궁하다오. 그렇거늘 또 무엇을 부러워하리오.”

동파 탄생 칠백 년 후인 1742년 임술년 음력 시월 보름 경기도 관찰사 홍경보는 「적벽부」를 본딴 뱃놀이에 나섰다. 이날은 '후後적벽부'를 지은 날이어서 평소 동파의 시구를 흥얼거리던 그가 도저히 그냥 지나칠 수 없는 날이었다. 관찰사는 동파가 그랬던 것처럼 손 둘을 초청했다. 연천 현감 신유한과 양천 현령 겸재 정선이었다. 그는 객들에게 글과 그림을 그려 뱃놀이행사를 기념해 주기를 청했고 직접 지은 서문을 넣어 「연강임술첩漣江壬戌帖」이란 화첩 세 벌을 만들어 나눠 가졌다.

그는 연천의 우화정에서 손님을 맞아 배에 올랐다. 우화정은 전前적벽부에 이름이 알려진 터수여서 적벽 선유를 흉내내기엔 더없이 좋은 장소였다. 배가 횡강과 문석을 거쳐 웅연에 닿을 무렵 주거니 받거니 한 술기운은 얼굴로 기어올라 불콰할 정도를 넘어서고 있었다. 술 힘이 발동하면 모든 것이 눈 아래로 보이는 법. 칠백몇십 살이나 더 많은 동파를 겁 없이 불러내어 우열을 가리자며 덤비기 시작했다. "풍류는 동파보다 홍경보가 낫고, 임진강의 풍광이 적벽보다 낫다."며 호기를 부렸으나 아무도 말리는 이가 없었다. 그렇지만 관찰사의 설익은 풍류가 조선 최고의 화가인 겸재로 하여금 「우화

등선」과 「옹연계람」이란 두 걸작 그림을 낳게 하여 그것이 오늘까지 전해 내려왔으니 가끔씩 객기도 한 번쯤 부려 볼 일이다.

이렇듯 동파의 뱃놀이는 그를 흠모하는 선비 몇몇에게만 영향을 준 것은 아니다. 모르긴 해도 동파 펜클럽을 결성하여 '모일 모시 모처에 모이자'는 통문을 날리기만 하면 아마 인산인해의 장관은 쉽게 구경할 수 있었으리라. 조선의 선비들은 전후 「적벽부」를 지은 임술년 음력 칠월 기망과 시월 보름날을 하나의 명절로 삼았다. 이 날은 마음 맞는 친구들과 모여 배를 띄워 시를 짓고 술을 마시며 노래를 불렀다. 임진강의 적벽, 한강 서호의 잠두봉, 용산의 읍청루, 화순의 적벽 등은 임술년만 되면 문인 묵객들이 띄운 배들로 가득했다.

조선조 역관 가문의 후예인 변종운이 쓴 서호범주기西湖泛舟記를 보자. 1819년 기묘년(순조 19년) 기망날 기원 유한지, 능산 황공, 수월 임희지 등 네 사람이 읍청루 아래 배를 띄우고 이런 대화를 나눴다. "동파가 적벽에서 노닌 임술 기망만이 강산을 위한 명절은 아니지요. 뒷사람이 오늘 우리가 즐긴 것을 본다면 동파를 보듯 우리를 보겠지요." "적벽에 비길 것은 아니지만 배 띄우고 달 밝으니 아름답지 않은 밤이 아니라고는 못 하겠지요." "평생 글 짓는 일에 매달려 구차하게 살아왔으면서 어찌 남들이 알아주기를 바라겠소. 동파가 통소를 불던 두 손에게 그랬던 것처럼 술을 들어 내게 권하고 저 물과 달을 아시는지를 왜 물어보지 않는 거요." "고금을 두루 살펴보니 밝은 달이 그 주인인가 싶으이."

 안동 하회마을은 마을 전체가 기망날이 오면 선유줄불놀이를 마을 행사로 벌여 반상이 함께 즐겼다. 달이 오르면 선비들은 배를 타고 마을 건너편 부용대 앞 옥연에서 뱃놀이를 시작했다. 배 위에서 술잔을 기울이다 흥이 돋으면 「적벽부」를 읊으면서 동산 위로 떠오른 둥근달을 희롱했다. 강을 가로질러 매어둔 다섯 가닥의 줄불주머니에서 불가루가 꽃비처럼 흘러내리고 상류에서 떠내려온 달걀불이 강물 위를 수놓는다. 이날의 클라이맥스는 부용대 절벽에서 솔가지 단에 불을 붙인 불덩이가 "불 받아라."는 고함과 함께 강물 위로 떨어지는 순간이다. 동파의 「적벽부」를 기리는 행사 중에는 선유줄불놀이가 아마 최고가 아닌가 한다.

 조선조가 끝나고 일제강점기로 접어들자 뱃놀이 풍류가 서서히 자취를 감췄다. 먹고살기가 어려워졌기 때문이다. 풍류가 사라지자 민요풍의 뱃놀이 노래조차 들리지 않게 되었다. 요즘은 풍류의 극치인 보름밤에 뱃놀이 밤 배를 띄우지 못한다. 나는 십여 년 전 음력 기망날 동촌 금호강 얼음 창고 밑 강물에 동파의 적벽부를 기리는 배를 띄워 보려 했으나 뜻을 이루지 못했다. 하는 수 없이 남쪽 강안의 허름한 목롯집 이층에서 동파가 손과 더불어 노래 부르며 놀았듯이 무반주 뽕짝 파티를 벌이며 옛 선비들을 추억했다.

 생애가 끝나기 전에 임술년이 온다면 친구 두엇을 불러 칠월 기망 날 금호강 절벽 밑에 배를 띄우리라. 술과 안주를 싣고 도도한

취흥 속에 동파의 「적벽부」를 내 가락으로 곡을 붙여 소리 한마당을 펼치려 한다. 재즈(Jazz)면 어떻고 헤비메탈이면 어떠랴. 멋 훗날 뒷사람 중에 어느 누가 금호강에 배를 띄워 「적벽부」를 읊던 나를 이야기하는 사람이 있어도 좋고, 기억하는 이 하나도 없어도 그리 안타까워할 일은 아니다. 풍류객으로 살다 서산에 지려 한다.

저승에서 돌아오신 어머니

어머니는 연전에 산으로 떠나셨다. 아들인 나는 어머니를 여의었고, 우리 집 옥상 텃밭은 주인을 잃었다. 꿈속에서라도 더러 오실 줄 알았는데 저승에도 그렇게 일거리가 많은지 내왕의 발걸음을 뚝 끊고 계신다. 어쩌다 옥상으로 올라가는 날이면 텃밭은 돌보아 줄 손길이 가까이 다가오는 줄 알고 반색을 하지만 나는 눈길 한번 주지 않았다.

텃밭이 미운 게 아니라 치매에 걸려 고생하시던 어머니의 환영이 행여 나를 붙잡고 놓아주지 않을까 봐 나는 애써 텃밭 나들이를 자제하고 있는 중이다. 어머니의 손때가 묻은 재봉틀 같은 물건이나 당신의 노력과 정성이 배어있는 텃밭 같은 곳은 저승으로 떠난 이의 애잔한 혼령이 깃들어 있을 것 같아 나는 그게 싫었다.

그러나 얼음 위의 너테처럼 덕지덕지 쌓여 있는 어머니에 대한 그리운 정은 피해 다닌다고 해서 영영 잊히거나 꺼져가는 불씨처럼 쉽게 사그라지지는 않았다. 오히려 잊어버리려는 마음을 앞세울수록 그리움의 깊이는 깊어만 가고 때론 희미해지기 시작하던 어머니의 모습은 망막 속에 더욱 또렷이 남아 지워지지 않는 상으로 자리 잡는 것이다.

미수米壽의 나이로 운명하기 전까지 심한 치매를 앓고 계시던 모습은 너무너무 안쓰러웠다. 투정하는 모습은 보기조차 민망했다. 이렇게 말하면 '불효자식'이란 딱지를 도저히 떼지 못하겠지만 어떤 때는 하루라도 빨리 돌아가셔서 하늘나라에 안주하셨으면 하고 속으로 은근히 바란 적도 있었다.

어머니가 떠나신 후 당신이 계시던 방을 서재로 꾸미고 컴퓨터까지 옮겨와 그곳에 머무는 시간을 늘리기 시작했다. 그랬더니 어머니와 무언으로 대화하는 시간이 잦아졌다. 어머니는 한 사람의 선지식善知識이 되어 나의 모자라는 지혜를 일깨워 주셨다. 더러는 묘수풀이하듯 한 소식을 전해 주시기도 했다. 그럴 때마다 매듭의 연속인 살아가는 방도가 크게 열리기도 했다.

어머니는 꿈으로 오시지는 않았다. 치매기간 동안 잠시 미워했던 모자지간의 마음의 응어리를 당신은 불화로 이해하셨는지 좀처럼 화해할 기미를 보이지 않으셨다. 저승과 이승을 잇는 유일한 사닥다리는 꿈이라고 생각하는데 어머니는 그것마저 무시하는 것 같았다. 나의 불효를 탓하며 산소를 찾아가 여러 번 뉘우치기도 했지만 어머니는 개꿈이나 헛꿈 속에서도 모습을 보여주지 않으셨다.

그러던 어느 날 밤, 어머니는 예전의 건강한 모습으로 옥상 텃밭에 오셔서 온갖 푸성귀에 물을 주고 계셨다. "애비야, 내가 잠시 자리를 비웠더니 상추와 실파가 이렇게 말라 있구나. 아무리 바빠도 물 한 모금씩은 주지 않고 쯧쯧." 하시면서 나를 나무라는 것이었다.

깜짝 놀라 일어나 보니 꿈이었다. 꿈에 어머니를 만난 후에는 한숨도 자지 않고 앉아서 새벽을 맞았다. 동녘이 붉하게 밝아오자 어머니의 텃밭이 있는 옥상으로 올라갔다. 어머니가 꿈속에서 물을 주시던 상추밭은 비어 있었다. 어머니께서 몸져누우시면서 돌보지 못한 푸성귀들은 말라 비틀어져 황량한 들판이나 다름없었다.

아침밥을 먹는 둥 마는 둥 하고 아내와 함께 다시 옥상 텃밭으로 올라갔다. 삽으로 밭을 일구고 괭이로 고랑을 내고 나니 텃밭은 활기 있게 되살아나고 있었다. 상추를 파종하기엔 좀 늦은 철이었지만 어머니의 보이지 않는 손이 자꾸 거드는 것 같아 종묘상에서 사온 상추씨와 실파 씨를 아끼지 않고 뿌렸다.

어머니의 텃밭을 다시 가꾸기 위해 아침마다 옥상에 올라가 물도 주고 김도 맨다. 이제 어머니는 산에서 다시 돌아오신 것같이 느껴졌다. 어머니는 하늘나라로 떠나신 게 아니라 내가 돌보지 못했던 옥상 텃밭에서 나를 기다리고 계셨다. 알고 보니 어머니는 저승도 텃밭도 아닌 내 마음안에 계셨던 것을 내가 깜빡 잊고 있었던 것이다.

달리아, 그 추억의 꽃

언제부터인지는 모르지만 달리아를 추억의 꽃이라 생각하고 있다. 달리아를 보거나 듣거나 생각하게 되면 몸에 소름이 돋으면서 마음은 이내 고향으로 달려가 오래전에 잊어버렸던 두 사람의 얼굴이 선연하게 피어나는 것을 보게 된다.

지난해 초봄 약목若木이 어느 농장에서 달리아 한 포기를 얻어와 화단에 심고 아침저녁으로 물을 흠뻑 뿌려주었다. 나의 바람과는 달리 성장 억제제를 과용한 탓인지 도무지 키가 커 주지 않았다. 나의 기억 속에 존재하는 달리아는 대학 이 학년 때 고향집 마당에 심겨져 큰 키를 자랑하던 꽃이다. 그때 아래채에는 서울의 미술대학에 다니는 나보다 몇 살 위인 남녀가 소꿉장난 같은 풋살림을 하고 있었다. 그들은 어쩔 수 없는 사랑 때문에 서울을 빠져나와 우리 집으로 숨어들어 온 듯했다.

남학생은 석일石日, 여학생은 우경雨景이라는 예명을 갖고 있었으며 이름에 걸맞은 예술적 분위기가 물씬 풍겼던 것으로 기억된다. 나는 여름날 온종일을 무료하게 지내는 석일 형을 금호강으로 끌어내어 피라미 낚시 법을 가르쳐 제법 손놀림이 익숙하도록 만들었다. 채비라야 미늘 없는 파리낚시 네댓 개를 매단 대나무 낚싯대와 작은 소쿠리가 전부였지만 어느 날도 허탕치는 날 없이 싱싱한 피라미들은 바구니에 가득했다.

땅거미가 끼기 시작하면 「성자 마을에 돌아오다(When the saints go marchin' in.)」를 휘파람으로 불면서 강둑을 따라 집으로 돌아오곤 했다. 매캐한 모깃불이 지펴진 마당의 살평상 위에는 어머니와 우경이 누님의 합작품인 홍두깨로 민 손국수, 그것도 호박나물이 국수 위에 파릇하게 얹힌 것을 배불리 먹을 수 있었다. 달리아가 모진 비바람에 찢기운 날 오후에도 석일 형과 나는 저문 강에서 돌아왔고 어머니와 우경이 누님은 우리 둘을 남편처럼 기다리고 있었다.

옆에 앉아 계시던 어머니는 느닷없이 "다알리아의 죽음에 대해서 글 한 편씩을 쓰기로 하자."라고 제안하셨다. 어머니는 한시漢詩 한 수를 조사로 대신했고 나머지 셋도 뭔가를 끄적거려 다음날 어머니께 제출했다. 최근 석일 형과 우경 누님이 그날 밤에 쓴 낡은 원고가 어느 책갈피에서 발견되어 그들을 다시 만난 듯 반가웠다.

다알리아! 핏빛보다 더 붉던 네 이마, 이젠 화단 한구석에서 공허를 메꿀만한 마음의 여유도 못 가진 채 나는 너의 시체를 두엄 위에 장사 지내야 하는 슬픔을 맛봐야만 했다. 너의 이른 죽음은 내게는 아련한 허무감을 더욱 크게만 했으니 네가 내게는 크나큰 위안이었음을 새삼 느낀다. 함초롬히 뿌려진 보슬비에도 그렇게 수줍어 고개 숙인 모습도 이젠 옛날, 비바람에 찢기우고 남은 몇 송이 꽃은 화병에 꽂혔지만 그건 영가靈架 속의 사진일 뿐 도저히 안도할 수 없구나. 다만 한 가지, 바라는 게 있다면 네 영혼의 빛난 삶이 뿌리로 남아 내년 이맘때에 붉디붉은 꽃으로 다시 피어나는 것. 다알리아! 네 이름의 사랑스러움이 다시 네 핏빛 붉음이 이 뜰을 장식해 주는 날, 나는 붉은 이마에 뜨거운 입맞춤으로 너를 반길 테다. 네 굵은 허리가 두엄더미 위에 쓰러지는 날 너를 생각하면 눈물지을 테다.

— 4274년 7월7일 우윤경

"그것은／ 아지랑이로부터 비롯하더니／ 내 마음에 자리하더니／ 붉은 꽃망울로／ 환희를 번지게 하더니.／ 자살이었나／ 타살이었나／ 그것은. 내가 당신을／ 내 마음 은밀한 곳에서／ 손짓하는 정념으로／ 향해 쌓더니."

— 7월 7일 백석일

타인으로 만나 헤어진 수많은 사람 중에서 석일 형과 우경이 누님만큼 다시 한번 보고 싶은 사람도 드물다. 근심처럼 비가 내리는 이른 아침, 창문을 타고 흐르는 흐릿한 빗물 속에는 못다 한 미련처럼 그들이 서성대는 모습을 환영처럼 보게 된다. 그것은 내가 추억의 꽃과 추억 속의 그리운 이들이 영원히 살아 있을 고향으로 돌아가지 못하고 있기 때문으로.

네 번째 이야기

검은 축제의 블루스

어머니의 손맛은 밥과 반찬으로 요약된다. 어릴 적 우리 오 남매는 밥과 반찬을 꽁보리밥과 해무꼬라 불렀다. 우리 집 가난은 그 꽁보리밥 소쿠리에 담겨 있었다. 소쿠리는 비 오는 날만 빼고 부엌 앞에 서 있는 감나무 가지에 걸려 있었다. 누구든지 배가 고프면 소쿠리를 내려 믹을 민치 덜어내어 된장에 비벼 먹든지 아니면 물에 말아 날된장에 풋고추를 찍어 먹든지 그건 자유였다.

보리밥 소쿠리는 삼베 보자기를 덮어쓰고 긴 여름 해를 견딘다. 보자기 위에는 감나무 잎을 갉아 먹은 풀 새우 똥이 떨어져 있다. 학교에서 돌아오면 얼른 소쿠리 속의 새카만 환약 같은 똥을 털어내면서 "에이, 씨이…." 하고 욕을 퍼붓는다. 그 욕은 몽땅 우리 집 가난이 뒤집어쓴다.

그리고는 대접에 보리밥을 담아 우물가로 간다. 쌀 한 톨 보이지 않는 꽁보리밥은 찬물에 여러 번 씻어 풀기를 빼버리면 목구멍으로 쉽게 넘어간다. 보리밥은 씹어 먹는 음식이 아니라 물과 함께 떠내려 보내는 음식이다. 얼마나 낭만적인가. 오 해피 데이.

초등 오 학년 때인가. 여느 때와 마찬가지로 혼자 보리밥 점심을 먹고 있는데 담임선생님이 가정방문을 오셨다. 난감했다. 시커먼 꽁당 보리밥도 그러려니와 아침에 먹다 남은 된장 한 가지뿐인 모든 것이 생략된 밥상을 선생님에게 보인다는 것이 부끄럽고 자존심 상하는 일이었다.

먹던 그릇을 치우며 "어머니는 논에 물데러 갔심더."라고 말씀드렸다. 그러니까 '어머니가 계시지 않아 선생님에게 아무것도 대접할 게 없다.'는 뜻을 그렇게 전한 것이다. 선생님은 "그래, 알았다." 하시고는 "밥이나 마저 먹고 극칠이와 태득이네 집에 가보자."라고 말씀하셨다. "그라마 지금 바로 가입시더."라고 했더니 "먹던 밥이나 마저 먹고 가자."시며 툇마루로 올라오셨다. 내가 굶는 게 안쓰러웠던 모양이다. 곱빼기로 난감했다.

"예."라고 대답하고 잠시 푸대접 받았던 보리밥 밥상을 끌어당겼다. 찬물 속에 가라앉아 있던 보리밥 낟알을 힘껏 빨아들여 단숨에 마셔 버리고는 된장 한 숟가락을 입에 떠 넣었다. 부끄러움이 곤혹스러움으로 바뀌었다.

가정방문을 끝낸 선생님은 십 환짜리 한 장을 주셨다. 단숨에 장터 가게로 달려가 굵은 설탕이 두툼하게 발려 있는 눈깔사탕 두 알을 샀다. 조금 빨아먹고 선반 위에 올려 뒀다가 또 빨다가 올려 두기를 반복했다. 그 날 풍경은 추억의 갈피 속에 끼여 있는 가장 아름다운 수채화 한 폭이다.

나는 보리밥을 좋아한다. 보리밥은 맛으로 먹는 음식이 아니라 추억으로 먹어야 제맛이 나는 아주 멋진 음식이다. 보리밥을 따라다니는 게 바로 '해무꼬'다. 해무꼬는 반찬을 이르는 고향 사투리다. 밥을 먹을 때 '해 먹을 것'의 준말이 해무꼬가 된 듯하다. 어린 시절 반찬 투정을 할 때 "오늘 아침 해무꼬는 뭐꼬."라고 물을라치면 어머니는 "벨 거 있나. 된장 끼리고(끓이고) 김치 있으면 됐지."가 통상적인 대답이었다.

시골의 여름 밥상은 생각하기조차 싫다. 꽁보리밥의 해무꼬는 호박 가지 오이 등 텃밭에서 따온 것을 무치거나 볶아 낸 것들이지만 그린 필드를 벗어 날 수는 없다. 이웃 부잣집에서는 멸치 김 미역 등 건어물들을 미리 마련해 뒀다가 더위에 지친 입맛 옆에 쓰러져 누워 있는 식욕을 곧추 일으켜 세운다. 그러나 우리 집 사정은 달랐다.

해무꼬도 문제려니와 금세 담을 넘어온 아침 해가 목줄기에 난 땀띠를 들쑤셔 놓아 신경질을 한계 수치까지 돋우어 놓는다. 씩씩거리다 말고 머리에 찬물 한 바가지 덮어쓰기 위해 우물가로 뛰쳐나가면 항상 윽박지르기로 나를 제압해온 어머니도 이때만은 한풀 꺾여 "오냐. 오는 장날은 간갈치라도 사 올께 밥이나 마저 묵어라." 하신다.

어머니의 착 가라앉은 낮은 목소리의 경고를 무시했다가는 곤두선 빗자루 뜸질을 면치 못한다는 것을 잘 알고 있다. 얼른 밥에 찬물을 부어 꽁보리밥을 목구멍으로 떠내려 보내야 한다. 시커먼 꽁보리밥 위에는 파리 떼와 풀새우 똥이랑 새카만 것들만 모여 검은 축제의 블루스판을 벌이고 있다. 유년의 여름을 추억해 보면 아침도, 점심도 보리밥을 찬물에 띄워 노 없이 떠내려 보낸 기억밖에 없다. 그나마 우물의 찬물이 없었다면 시골 소년 하나가 굶어 죽었을지도 모를 일이다.

해마다 여름이 오면 그땐 그렇게 싫었던 꽁보리밥이 먹고 싶다. 찬물을 와인처럼 마시며 검은 축제의 블루스를 추고 싶다. 안주는 로크포르 치즈(Roquefort cheese • 푸른곰팡이로 숙성시켜 줄무늬가 들어 있는 프랑스산 양젖 치즈) 대신에 짜고 타박한 간갈치를 베어 먹으며 땀띠가 톡톡 쏘아대던 그 목 언저리를 다시 한 번 쥐어뜯고 싶다. 헛소리 그만하고 유튜브에서 건져 낸 장태민이 부른 「꽁보리밥」 노래나 한 곡 들어보자.

가마솥에 보리 삶고 한줌 쌀로 지은 밥이/ 아버님 밥 푸고 나니 꽁보리밥만 남았더라/ 고추장에 밥 비비고 된장에 풋고추 찍어/ 꿀맛같이 먹어치운 어린 시절 꽁당 보리밥/ 아. 다시는 오지 않을 옛 시절이 그립구나.

처마끝에 대바구니 꽁보리밥 담겼었지/ 삼베 덮개 열고 보면 검으스레 식었더라/ 앞마당에 샘물 길어 바가지에 말아 먹을 때/ 허기진다 뛰지 말아 이르시던 어머님 말씀/ 아. 그래도 행복했던 그 시절이 그립구나.

환장할 봄 봄 봄

 내 마음속 깊은 곳에 개구리가 산다. 평소에는 울지 않다가 꽃등불이 켜지기 시작하면 '개골개골' 개구리 소리가 가늘게 들린다. 제주에서부터 매화 소식이 꽃 지도를 타고 올라오면 동면에서 눈뜬 개구리는 뒷다리를 힘차게 뻗치며 기지개를 한다.
 꽃 기운은 한곳에 안주하지 못하는 난봉꾼처럼 바람을 타고 계곡을 휘질러 올라간다. 꽃바람은 제 혼자 앓는 봄앓이로 만족하지 못하고 나무와 풀들에게 바이러스 퍼트리듯 주사 한 방씩을 놓고 달아난다. 봄기운이 잠시 머물렀던 산천은 바람난 처녀의 달뜬 마음이 되어 각혈하듯 붉은 피를 쏟아 놓는다. 환장할 봄을 보고 환장하지 않는 것들은 환장할 자격이 없는 것들이다.
 봄소식을 전하는 전령사는 한둘이 아니다. 눈 속에서 피는 설중매를 필두로 눈밭에 노란 얼굴을 내미는 복수초, 눈바람 속에 붉은 꽃망울을 터트리는 올 동백 등이 봄을 퍼나르는 일꾼들이다. 꽃들은 각기 소속 우체국은 달라도 수신인들이 동일한 기별 통지문을 들고 산 넘고 개울 건너 봄소식을 전한다. '꽃체부'가 다녀간 날부터 산천에는 함성이 일고 기미년 독립운동이 번지듯 태극 깃발이 휘날리고 만세 소리가 진동한다. 드디어 봄이 온 것이다.

나무와 풀 이른바 식물로 통칭되는 푸른 것들도 껍질이 찢어져 처녀막이 터지는 아픔을 참으며 새순을 틔워 꽃을 피워내고 여린 잎새를 새 혀처럼 밀어낸다. 하나님이 펼쳐 놓으신 봄 식탁 재료들은 그린 색 바탕에 붉거나 붉음에 못 미친 분홍 색깔의 꽃들이 주류를 이루지만 간간이 백목련처럼 순진한 체하면서 몸을 사리는 것들도 사이사이에 끼워져 있다. 하나님은 꽃 비빔밥을 좋아하시나 보다. 쌀밥 한두 주걱만 산천이란 그릇에 퍼 담은 후 꽃 나물을 얹고 끓인 된장 한 숟갈 끼얹으면 최고급 비빔밥이 될 터이니 말이다.

이렇게 초목들이 봄 잔치를 벌이며 난리를 치고 있으면 여태 소리 죽이고 있던 동면동물들도 가만히 있질 못한다. "이봐, 여기가 어디라고 설쳐대고 있어. 몇 학번이야. 인간분들이 '동식물'이라고 서열을 정해주었잖아." 풀꽃들이 조용하다. "자, 이제부터 우리가 노래를 부를 터이니 너희들은 백댄서 역할이나 제대로 해." 포유류, 양서류, 파충류 등 류씨 집안의 자손들이 목청을 가다듬고 땅속에서 기어 나와 무대 위에 선다. 이때부터 땅 위에는 소리의 평화가 빛과 비를 내려준 하늘의 영광으로 전해진다.

봄이 오면 가만히 앉아 있질 못한다. 꽃이 불러내기 때문이다. 또래 중에 누군가가 "야야, 놀러 가자."하고 불러낼 땐 얼굴보다 소리가 먼저 들어오는 법이다. 그러나 꽃이 부르는 소리는 들리지 않아도 나는 들을 수 있다. "꽃은 웃어도 소리가 들리지 않네"(花笑聲未聽)라는 선비 이규보가 여섯 살 때 지었다는 시구가 그렇게 절절할 수가 없다. 그동안 봄을 즐기기 위해 남도 쪽 이름난 꽃동네를 두루 돌아다녔다. 매화, 동백, 복수초, 산수유, 찔레 등 일일이 거론할 수 없는 살갑게 아름다운 꽃들의 자태가 망막에 가득하다.

스물 즈음에 어머니가 이렇게 말씀하신 적이 있다. "넌 꽃이 좋으냐, 여자애가 좋으냐." "그거야, 여자애가 좋지요." "그래에, 지금은 그렇지만 나중 나이가 들면 꽃이 여자애보다 좋을 때가 있단다." "그건 그때 가봐야 알겠지요, 뭐." 유난히 사춘기가 길었는지 어쨌는지는 기억 속에서 멀어져 갔지만 여자애보다 꽃이 더 좋은 적은 별로 없었다.

내 마음 한구석에 개구리가 살고 있다. 그 개구리 소리는 꽃이 피는 봄과 함께 온다. 나는 개구리와 인연이 깊다. 개구리 쪽에서 보면 악연이지만 내 쪽에서 보면 고마운 축복과 같은 것이다. 초등학교 때부터 어머니는 몇 마리 닭을 키웠다. 학년이 올라갈수록 닭의 숫자도 늘어나 먹이를 감당하기에는 힘이 부쳤다. 방아 찧고 난 뒤의 쌀겨와 밀기울로는 양식이 턱없이 모자랐다. 그래서 하학후엔 개구리를 잡으러 다녔다. 깡통에 철사 고리를 끼우면 거지들의 동냥

깡통과 흡사했지만 개의치 않았다.

　논둑에 앉아 있는 개구리를 때려잡는 도구는 세 가닥의 물푸레나무로 엮은 도리깨 열이 제격이었다. 눈에 뜨이는 개구리는 휘두르는 도리깨질을 피하지 못했다. 그늘진 뒤란에 돌무지 화덕을 만들어 개구리를 삶으면 노란 기름이 동동 뜨면서 구수한 냄새를 풍겼다. 이걸 사료에 섞어 주면 닭들이 환장하며 설쳐 댔다.

　어머니께서 "깃털에 기름이 올랐네."라고 말씀하시는 품으로 보아 "닭을 잘 키우고 있구나."란 칭찬으로 이해해도 될 것 같았다. 숙제는 제대로 안 해도 개구리 사냥은 닭을 키울 동안 계속되었다. 어느 하루는 몸집이 큰 맹꽁이 여러 마리를 잡았다. 그걸 삶아보니 뒷다리 하얀 살이 톡톡 불거져 먹을 만하게 보였다. 입에 넣고 씹어보니 구수한 게 제법이었다. 소금 종지를 갖고 나와 뒷다리 살점을 발라 먹어보니 기가 막힐 만큼 맛이 있었다. 다음 날부터 더 열심히 개구리를 잡았다. 숙제 못 했을 때의 선생님 꾸지람은 개구리 뒷다리 맛과 맞바꾸면 쉽게 이겨낼 수 있다는 걸 그때 알았다.

　올해도 꽃체부들이 다녀간 꽃그늘에 앉아 개구리 울음소리를 들어야겠다. 개구리 추모제 격인 봄나들이는 내가 부릴 수 있는 환장할 봄날의 최고의 사치다.

엄마는 병참부대 선임하사

　무는 양식이었다. 곡식 다음으로 허기를 면하게 해 준 위대한 식품이었다. 생활의 3요소가 의식주라면 식食의 3가지 기본은 밥·된장·김치로 요약할 수 있다. 그러니까 쌀과 콩 그리고 무와 배추만 있으면 굶어 죽지는 않는다.
　최근 「북한의 실상」이란 동영상을 본 적이 있다. 어린 딸아이를 데리고 나온 젊은 여인이 부석부석한 얼굴로 시장 입구에 서 있었다. 여인의 가슴팍에는 "딸을 백 원에 팝니다."란 글귀가 쓰여 있었다. 딸아이의 굶어 죽는 모습을 보니 양식이 다소 넉넉한 집에 팔아 목숨은 건져야겠다는 생각에서 이런 결단을 내린 것 같았다. 딸이 다른 사람의 손에 이끌려 떠나게 되자 그 여인은 받은 돈 백원으로 밀가루 빵을 사 아이의 입에 밀어 넣어 주면서 흐르는 눈물을 주체하지 못했다.

이십 분짜리인 이 동영상을 보고 있으니 느닷없이 고향의 밥상이 떠올랐다. 나를 비롯한 우리 오 남매도 어머니가 없었더라면 뿔뿔이 흩어지지 않았을까. 그러자 울며 끌려가는 그 딸아이의 얼굴에 어릴 적 내 얼굴이 오버랩되면서 그 아이의 슬픔과 그 여인의 비통함이 내 가슴속으로 전이되어 뭉글뭉글한 붉은 각혈 덩이를 쏟아 내는 것 같았다.

　겨울철 우리 집의 슬로건은 전투를 잘하는 육군 제27보병사단의 구호처럼 '이기자, 겨울을 이기자'였다. 어머니 손으로 이뤄지는 모든 농사는 겨울을 대비하는 필사의 투쟁이었다. 농사의 소출은 '공구'(쏜口·식구의 다른 말)들의 식량이 최우선이었다. 아무리 어려워도 곡식을 내다 파는 일은 없었다. 모르긴 해도 아이를 백 원에 팔아야 하는 기아의 종점에 서지는 않겠다는 굳은 의지의 표현이 아니었을까.

　겨울을 이겨 낼 작전은 봄부터 시작된다. 밭으로 변한 너른 바깥마당에서 캐낸 감자는 재를 뿌려 갈무리하고 알토란을 비롯한 뿌리채소는 그것대로 한곳으로 모아둔다. 그리고 덜 익은 호박은 호박오가리로, 고추와 가지는 튀각으로, 콩잎과 팥잎 등 온갖 잎채소는 된장과 고추장 독에 쟁여둔다. 어머니는 일을 마친 저녁 답에 허리를 펴시면서 "우째, 이만하면 겨울을 나겠나 모르겠다."는 말씀 속에는 기대에 만족하는 환희가 배어 있었다.

　겨울 채비의 마지막 코스는 김장을 비롯한 무·배추를 건사하는 일이다. 우리 집 김장은 항상 넘쳐났다. 겨울 반찬으론 김장김치를 능가할 것이 없는 데다 김치가 없으면 전장의 병사에게 탄약이 떨어진 것과 마찬가지였기 때문이리라. 김장철만 되면 우리 집에 있는 단지들은 총동원령 속에 맡은 바 임무에 따라 땅속 참호 속에 엎드리기도 하고 척후병처럼 짚동 사이에 숨어 배식 준비에 들어가야 한다.

붉은 배추김치를 필두로 백김치, 동치미, 무청김치, 고춧잎김치, 씀바귀김치, 파김치 등 손가락 다섯으론 턱없이 모자란다. 김장이 끝나면 남은 무·배춧잎들은 시래기로 엮어져 처마 밑에 걸린다. 그러고도 남은 무는 조림 반찬의 밑받침과 이른봄 나박김치용으로 구덩이에 묻힌다. 배추 뿌리는 아이들 간식거리로 순장 묘의 임금 옆에 누운 시녀들처럼 무 옆에 함께 묻혀 겨울잠에 든다. 어머니의 잡기장에는 무엇이 얼마나 저장되어 있는지 병참부대 출납담당 선임하사의 장부처럼 기록되어 있다. 보름 단위로 얼마나 소비되었는지 재고상황이 소상하게 적혀 있었다. 내가 ROTC 출신 장교로 병과를 병참으로 받은 것은 어머니의 DNA 영향이 작용한 탓이 아닌가 싶다. 히히.

더러 식량이 모자라는 해에는 비상대책이 수립된다. 대책이란 게 별것 아니다. 나물이나 시래기를 많이 넣는 갱죽을 자주 끓이고 때론 밥솥 밑에 무를 채썰어 무밥을 지어 양식을 아끼는 것이 겨울 버티기 작전이다. 밥이 모자랄 땐 심심하게 담근 김치무를 큰 사발에 꺼내와 밥은 되도록 적게, 숟가락 끝에 꾹 찍은 무는 크게 한입씩 베어 먹어야 가까스로 허기를 면할 수 있었다.

　북한의 팔려가는 딸아이의 동영상을 보는 내내 무밥과 무김치라도 배부르게 먹여준 무에게 거수경례를 했다. 그리고 지금은 산의 참호에서 막영 중이신 어머니께 존경과 감사를 드린다. 어머니는 나를 시장에 데려가 백 원에 팔아 버리지는 않았다. 댕큐, 맘.

깡패 화가 박용주의 춘화도

박용주 선생은 예술가다. 그림도 그리고 시도 짓고. 내 주위에서 그만한 예술적 센스를 지니고 있는 이를 만나기가 정말 흔치 않다. 선생은 요즘 말로 '조폭'이나 '깡패'에 해당하는 한국 일본 중국 등 동양 3국을 누비고 다닌 '어깨' 출신이다. 그런 그가 '예술'이라는 아름다운 격랑 속으로 빨려들어 죽을 때까지 헤어나지 못했으니 신기하기만 하다.

선생은 1915년 2월 7일 생으로 1988년 5월 7일에 졸하셨다. 일흔넷의 일기를 풍운아로 사신 분이다. 어깨 출신들의 생이 흔히 그렇듯 선생도 젊은 한 시절에는 주먹 하나로 돈과 여자를 제 마음대로 했지만 늘그막에는 혹독한 가난과 싸우면서 외롭고 쓸쓸한 나날을 보내다 하늘나라로 올라가셨다.

선생이 살아오신 생애 전체가 소설이자 드라마다. 살아 계실 때 몇 번이나 당신의 일생을 구술해 주시면 '깡패 시인 박용주 평전'을 써보겠다고 몇 번 간청했지만 번번이 "부끄러운 일들을 들추면 뭘 해." 하시며 거절하셨다. 지난해였나, 고 신도환 선생이 살아 있는 사람으로서는 최초로 유도 10단으로 승단했다고 떠들썩했는데 선생은 한 단 못 미친 9단이다. 유도 9단의 어깨가 시인으로, 또 춘화를 절묘하게 그리는 화가로 일가를 이뤘으니 불꽃같이 활활 타다 간 생애가 바로 선생의 일생이었다.

  선생은 바람이었다. 언론인인 김병식 선생이 전하는 젊은 날의 이야기를 들어보면, 혼자서 선생을 당할 자는 아무도 없었다고 한다. 상체가 발달한 선생은 태양인으로 원래 예인의 기질을 타고나신 분이다. 출입문 외에는 도망갈 곳이 없는 주점에서 패거리 깡패들과 싸움이 붙어도 선생은 앉은자리에서 덕수를 넘어 칼을 들고 달려드는 상대를 순식간에 제압하고 창문으로 도망치는 신통력을 가졌다고 했다. 작가 이봉구 선생이 쓴 「명동」이라 단행본에도 선생이 명동에서 활약하던 장면이 두어 군데 나오는 걸 보면 선생의 명성은 짐작할 만하다.

  선생과 구상 시인이 언제부터 교우하고 있었는지는 확실하지 않지만 어느 날 이름자 뒤에 붙는 명칭을 서로 바꾸기로 했다고 한다. 그날부터 두 분은 만나면 '용주 시인'과 '구상 깡패'로 바꿔 불렀다고 한다. 그런 일이 있고 난 후 선생의 시 '볼'인가 '뺨'인가가 세대지에 실리는 영광을 얻었고, '화가'라는 칭호 외에 '시인'이라는 빛나는 관을 선생의 머리 위에 얹게 되었다.

선생의 주먹 얘기를 해볼까. 대구 교남학교에서 서울의 중동학교로 적을 옮긴 선생은 유도부 주장이 되었다. 나중 서울대 초대 총장이 된 최규동 선생이 교장이었다. 최 교장은 선생의 재능을 높이 사 친구인 가와모도 유지로(川本柳又郎)에게 소개장을 써주며 일본으로 보냈다. 그러나 가와모도는 선생의 지나치게 센 기를 꺾기 위해 3개월이 지나도록 대학 진학을 도와주지 않았다. 선생은 어느 날 밤 가와모도 집의 담을 넘어 들어가 품고 간 칼을 다다미에 꽂고 항의했다. 가와모도는 선생의 대담성을 높이 사 명치대 상과로 보내주었다.

공부에는 별 취미가 없었던 선생은 유도복을 들고 명치대 도장으로 갔다. 사범의 주선으로 3단인 선생은 4단짜리 일본 학생들과 차례로 대련, 모두 꺾고 즉석에서 4단으로 승단했다. 선생의 명성은 삽시에 캠퍼스로 퍼져 나갔다. 특히 한국 학생을 조롱하는 일본인은 그냥 두지 않았다. 일본 학생들에겐 공포였으며 한국 유학생에겐 큰 위안이었다.

선생은 일제의 징용을 피하기 위해 등록되어 있는 호적을 빼내 가방 속에 넣고 다녔다. 중국으로 건너간 선생은 천진에서 북경으로 가는 열차 안에서 체중 36관짜리 이태리 프로 레슬러를 만났다. 레슬러는 두 사람이 앉아야 할 좌석을 독차지하여 비켜 주지 않았다. 선생은 30초 정거하는 다음 역 플랫폼으로 레슬러를 불러내 업

어치기 한판으로 때려 눕혀버렸다. 열차는 떠났고 빈자리에는 레슬러의 보스톤백 만 북경을 향해 달리고 있었다. 백 속에는 독일의 자존심이라 부르는 라이카 카메라가 들어있었다. 선생은 선술집에 앉아 "우리나라에서 맨 처음 라이카 카메라를 둘러매고 다닌 사람은 바로 박용주야"라는 농담을 하기도 했다.

  70년대 초반, 선생은 스케치북을 몸에 지니고 다니셨다. 다방에서나, 막걸리 집에서나 신명 나면 춘화를 그렸다. 그린 춘화는 마음에 드는 후학들에게 나눠주었다. 춘화는 주로 연필로 그렸다. 발가벗은 승려가 남근에 염주를 걸고 여성을 희롱하는 그림도 그렸고, 가톨릭의 주교급 성직자를 춘화 속으로 끌어들여 알몸 유희를 벌이게 한 그림들을 보면 웃음이 절로 나온다. 별로 힘들이지 않고 그리는 춘화 속의 연선은 부드러우면서 힘이 있었다. 선생은 성림다방 성좌다방 홍다방 등지에서 오전을 보내고 늦은 오후에는 선생을 추종하는 친구외 후배들을 이끌고 '쉬어 가는 집'을 비롯하여 막걸리 집 여기저기를 다니셨다.

  선생은 내게도 3권의 스케치북과 누드를 그리다 만 유화, 그리고 초벌구이에 그림을 그려 구워낸 도자기 2점, 달마도 등을 주셨다. 그중에서 화가 이중섭을 그린 그림과 스케치북 한 권을 우리 집에서 하룻밤을 묵은 적이 있는 걸레 스님 중광이 프랑스의 어느 잡지에 소개하겠다며 들고 간 기억이 난다.

  평생을 한국의 산을 고집스럽게 그리고 있는 서양화가 김종복 여사가 프랑스에서 귀국한 지 얼마 되지 않아 셋이서 중국음식점에서 식사를 한 적이 있다. 귀국 축하를 겸하는 자리여서 기름기가 많은 요리를 먹었다. 며칠 후 핼쑥한 얼굴로 나타나신 선생은 "와아, 그 중국음식을 좀 과하게 먹었더니 설사를 이틀이나 했다."면서 "나물밖에 안 먹었더니 내장 속에 기름기가 하나도 없었길래 그렇게 되었겠제"라며 얼버무리셨다.

선생은 생전에 자신의 임종을 자주 이야기하셨다. "나는 절대로 늙어서 자연사하지는 않을 것이다. 이승에서 떠날 마지막 시간은 내가 정한다. 그때는 노란색 수채화 물감을 화선지 위에 가득 풀어 놓은 다음 청산가리를 마시고 붉은 피를 그 위에 토해 생의 마지막 작품을 그리고 죽을 거야. 물감 위의 붉은 피가 어떤 형태의 그림이 될지는 나도 모르지만 나는 반드시 그렇게 죽을 거야." 나는 선생의 임종 구상을 듣고 있으면 섬뜩했지만 죽는 순간까지도 자신이 추구하고 있는 작업을 손에서 놓지 않으려는 그 의지에 찬탄을 금하지 못했다.

선생의 만년은 정말 고생의 연속이었다. 불로동 골목 안 반지하 사글세 방에서 도동 측백수림 부근의 장님 집 아랫채로, 다시 금호강변의 지저동으로 옮겨 다녀야 했다. 중풍이 스치고 지나간 후에도 다리를 끌며 매일신문사 커피숍으로 더러 나오셔서 "이제 얼마 남지 않은 것 같다"는 말씀을 자주 하셨다. 하루는 "내가 그린 춘화 그림 6백여 점을 오늘 아침에 불태워 버렸다"고 말씀하셨다. 임종이 그리 멀지 않다는 것을 직감할 수 있었다. "마지막 걸작 청산가리 그림은 언제 그리시렵니까?"고 묻고 싶었지만 차마 묻지 못했다.

토요일 낮 퇴근 준비를 하고 있는데 선생의 따님인 준미 여사에게서 전화가 왔다. 선생의 타계 소식이었다. 알려주는 대로 둘째 아들이 일하고 있는 불로동의 어느 농장으로 찾아가니 농막 같은 방 한 칸에 빈소가 차려져 있었다. 마침 토요일이어서 신문에 부음조차 내지 못하여 그 많은 술꾼들에게 알리지도 못했다. 주먹 하나로 동양 3국을 제패했던 어깨 박용주 선생은 만장 한 폭 휘날리지 못하고 조문객 없는 저승길을 홀로 떠나 청구공원 묘원에 안장됐다.

'시인'과 '깡패' 칭호를 맞바꾼 구상 시인은 장례 후 얼마 있다가 서울에서 내려오셔서 이윤수 시인, 최정석 교수 등과 함께 유택인 묘원을 찾아 술 한 잔씩을 올렸다.

"용주 시인, 깡패가 왔는데 왜 당신은 일어나지 않고 잔디 이불을 덮고 누워 계시오."

구상 시인은 선생의 무덤 옆에 자그마한 시비 하나를 세우는 일과 선생의 유고시집을 내는 일을 추모사업으로 정하고 서울로 떠나셨다. 시비 건립 문제는 내가 맡아 노력해 보았으나 공원묘원 측과 유족 측의 연락과 동의가 쉽지 않아 지지부진했고 유고시집 출판 문제는 나중 부산일보 김상훈 사장에게로 넘어갔으나 원고 수합 등이 여의치 않아 결국 빛을 보지 못하고 오늘에 이르고 말았다.

시 한 편에 춘화 한 점씩을 삽화로 곁들였으면 정말 멋진 시집이 꾸며졌을 텐데….

마을 앞 버드나무

고향 동네 어귀에 늙은 버드나무 한 그루가 서 있었다. 긴 겨울이 가고 봄이 오면 수천 갈래로 가지를 늘어뜨린 버드나무는 햇순을 밀어내기 위한 준비 작업으로 먼저 푸른 기운부터 띄운다. 그럴 때면 또래 친구들은 물오른 가지로 버들피리를 만들어 고샅을 시끌벅적 불고 다녔다. 이 버드나무는 숲이 짙어 여름 한 철에는 살평상만 깔면 동리 어른들의 쉼터가 되곤 했다.

어릴 적에는 물론이고 나이가 상당히 들었어도 버드나무 한 그루가 왜 우리 동네를 수문장처럼 지키고 있는지 그 까닭을 알지 못했다. 늦게나마 옛 시를 읽다 보니 그 버드나무가 예사롭지 않은 나무임을 알게 됐다. 머릿속으로 고향을 그릴 때마다 아름다운 배경 속에 우뚝 서 있는 동리 앞의 버드나무는 사실은 '이별을 위한' 나무였다.

강가에 말을 세워 놓고 머뭇머뭇 헤어지지 못하여/ 버드나무 제일 높은 가지를 꺾어주네/ 어여쁜 여인은 인연이 옅어 자태를 새로 꾸몄는데/ 바람둥이 사내는 정이 깊어 뒷날을 기약하네.

이 시는 조선조 선조 때 의병대장이었던 고경명(1533~1592)이 지은 시다. 아비를 닮아 풍채와 용모가 출중했던 고경명은 젊은 시절 황해도에 놀러 갔다가 한 기생을 사랑하게 되었다. 그 기생은 어느 모임 자리에서 관찰사의 눈에 들어 사랑하는 연인과 헤어질 수밖에 없었다. 청년은 헤어짐이 아쉬워 여인의 속치마에 시 한 수를 써주었다.

관찰사 앞에서 술을 따르던 기생의 치마폭이 바람에 날리자 이루지 못한 이별의 사연이 드러나고 말았다. 관찰사는 연유를 물었고 기생은 숨김없이 대답했다. "뛰어난 풍류객이로다." 관찰사란 권력의 힘으로 쟁취한 사랑이 기생의 순정 앞에 무너지는 순간이었다.

관찰사는 후에 고경명의 아버지를 만나 이렇게 말했다. "훌륭한 아들을 두었더군요. 재주와 용모는 뛰어나지만 행실은 좀 그렇습디다." 농담 반 진담 반이었다. 그 아버지는 "내 아들의 용모는 제 어미를 닮았고 행실은 이 아비를 닮았소이다."라고 응수했다. 관찰사는 겉으로는 빙그레 웃었지만 고 씨 부자에게 연타석 안타를 얻어맞아 기분이 몹시 언짢았을 게다.

그러나 젊은 한 시절, 두루 풍류를 즐긴 고경명은 임진왜란이 일어나자 예순 노구에도 불구하고 종후, 인후 두 아들과 함께 의병을 일으켜 금산전투에서 장렬하게 전사한 장본인이다. 기생의 치마폭에 일필휘지, 헤어짐의 애틋한 정을 노래할 수 있는 장부의 기개가 있었기에 전쟁이 일어나 나라의 존망이 기로에 서자 자신과 두 아들의 생명까지도 초개같이 버릴 수 있었던 것이다. 진짜 풍류객만이 보여줄 수 있는 아름다운 처신이다.

옛날 벼슬아치들은 풍류라는 허울로 기생을 노리개 감으로 취급하는 경우가 허다했다. 기생도 기생 나름이긴 하지만 대다수가 인격체로서 인정받지 못한 게 사실이다. 이런 풍조는 하나의 사회적 현상으로 기생의 입장에선 그런 현실을 감내할 수밖에 없었다. 그러나 전해 내려오는 기생들의 시편 속에 적혀 있는 인간적인 사랑 이야기를 접하면 가슴 찡한 감동을 느끼곤 한다.

"묏버들 가지 꺾어 보내노라 임에게/ 잠자는 창밖에 심어 두고 보소서/ 밤비에 새잎 나거든 나인가 여기소서."(기생 홍랑의 시조)

기생인 그녀에게 이렇게 사무치는 그리움이 없고서야 어떻게 이런 시를 쓸 수 있을까. 최근 발견된 19세기 초 한재락이 쓴 평양 기생 67명을 인터뷰한 『녹파잡기綠波雜記』를 보면 기생들도 그녀들 나름대로 순정을 지키려는 노력이 대단했음을 곳곳에서 엿볼 수 있다.

열한 살 어린 기생 초제는 비 오는 날 벼슬아치 행차에 따르려다 가죽신에 구멍이 나 있는 것을 늦게 발견했다. 망연자실 서 있는데

더벅머리 소년이 자신의 신발을 벗어주고 맨발로 뛰어가버렸다. 기생은 소년의 신발을 감싸 쥐고 말했다. "처녀의 몸으로 다른 이의 신발을 신었다. 규방 여인의 행실이 변해서는 안 된다. 앞으로 그와 인연을 맺게 되면 오늘 일 때문일 것이다."

　기생 나섬은 아름다웠지만 도도했다. 준수하게 생긴 남정네와는 하룻밤 정을 나누기도 했지만 천박한 사내와는 백 꿰미 금전을 준다 해도 쳐다보지 않았다. 지금은 초제나 나섬과 같은 기생다운 기생은 없고 꿰미 돈만 셀 줄 아는 몸팔이 아가씨뿐이다. 그녀들은 고상함과 천박함을 구별하는 감식안이 없기 때문에 지켜야 할 스스로의 자존심을 포기한 것이다.

　고향집 앞에 서 있는 버드나무를 생각하면 갑자기 내 의식이 눈 뜨기 전에 돌아가신 아버지가 떠오른다. 아버지는 이 버드나무 가지를 몇 번이나 꺾었을까. 싱거 미싱을 사 준 초선이란 기생을 떠나보낼 때는 '날 본 듯'하라며 분명 한 가지 꺾은 것까지는 알겠는데. 나중 저승에서 만나 뵈면 손수 꺾은 버드나무 가지 숫자부터 물어봐야겠네.

우리들의 사춘기

　나무 그늘에 앉아 있으니 고향집 아래채에 세 들어 살던 또래 친구 득남이가 생각난다. 대학 이 학년 무렵이었으니 세월이 오래되어 성씨도 얼굴도 기억할 수가 없다. 언젠가는 그가 갑상선염을 앓은 목 주변의 흉터를 내보이며 "내가 득남이 아이가." 하고 반색을 하며 손을 내미는 그런 순간을 상상해 본다.
　득남이는 아래채에 부모와 함께 이사를 왔다. 그 옆방이 내 공부방이었다. 그는 자주 내 방으로 놀러 와 들고 온 만화책을 읽곤 했다. 득남이는 일정한 수입이 없었는데도 옷만큼은 모두 외국제로 사치스럽게 입고 다녔다. 득남이는 남색 세무 구두를 신고 노란색 프란넬 바지 위에 멋진 남방셔츠를 바쳐 입고 나서면 영화 잡지에 나오는 배우 같았다. 별로 배운 게 없어도 화려한 의상이 무식한 통속함을 덮어 주었다.

득남이네 가계는 누나가 책임지고 있었다. 누나는 미군과 살고 있는 여성으로 친정의 생활비와 옷이랑 군것질거리까지 온통 미제로 대주는 것 같았다. 득남이네 방에 가지런히 걸려있는 옷가지는 족히 스무 벌이 넘었다. 갈아입을 옷이 만만찮았던 당시 내 처지에 비하면 득남이는 부러움이 도를 넘어선 미움의 대상이었다. 오죽했으면 나도 키 큰 미국 군인을 보고 "자형요!" 하고 한 번쯤 불러 봤으면 하는 그런 망칙스런 생각을 했을까.

득남이는 우리 집 마당에서 놀고 있는 암탉을 여럿 거느린 깃털 붉은 수탉과 같았다. 어머니가 교회에 가실 적마다 낟알이 섞인 쌀겨를 한움큼 뿌려 주면 수탉은 "꾸꾸구우…." 하며 암컷들을 불러 모았다. 그런 다음 수탉은 날개의 한쪽 끝을 땅에 끌면서 구애의 춤을 춘 후 마음에 드는 암탉의 등위로 올라가 생명을 창조하는 아름다운 몸짓을 보여 주었다.

나는 암탉의 등 위에 웅크리고 있는 수탉의 모습을 보면 득남이가 연상되었다. 내가 학교에 간 사이 득남이의 수상한 행적이 자꾸 그런 방향으로 몰고 갔다. 수탉의 행위 위에 득남이의 모습이 겹칠 때마다 나는 그를 미워하고 질투했다. 나도 멋진 옷을 입고 다니는 수탉이 되고 싶었다.

하루는 통근 열차를 타러 바쁘게 뛰어나가면서 어머니에게 "내일은 시험이 있어서 오늘밤에는 친구네 집에서 자고 올 것 같아요."라고 말했다. 값비싼 영어책 한 권 없이 영문과에 다니고 있는 사정을 누구보다 잘 알고 있는 어머니는 "오냐."란 대답 대신 한숨을 섞어 고개만 끄덕이셨다. 그러나 책을 얻어 보며 하룻밤 신세질 친구네 집 물색하기가 만만치 않아 늦은 밤 기차를 타고 집으로 돌아왔다.

내 방문 앞에 신발은 없는데 문이 열리지 않았다. 안에서 인기척이 느껴졌다. 득남이가 "활아, 내다." 기어들어가는 목소리를 냈다. 그래도 문은 열리지 않았다. "올라가서 밥 묵어라. 순자하고 이야기 좀 한다." 득남이는 내가 어머니에게 드린 아침 인사를 재빠르게 가로채 나의 빈방에 이웃집 순자를 불러들여 구애의 춤판을 벌이고 있었던 것이다.

배는 고픈데도 밥이 목구멍으로 넘어가질 않았다. 더위먹은 사람처럼 코에서 단내가 났다. 타오르는 불을 끄기 위해 물만 들이켰다. 우물가로 나가 두레박을 처박듯이 던져 넣어 찬물을 벌컥벌컥 마셨다. 그래도 분은 풀리지 않았다. 득남이가 미웠고 그의 누나가 부러웠다. 순자도 미웠다. 그날 밤 내내 안달하며 지낸 기억밖에 없다. '내일 장에 가서 자물쇠를 사서 내 방을 잠그리라.'고 굳게 다짐했다. 그러나 실천으로 옮겨지지 않았다.

당시 폴란드 작가 마렉 플레스코의 『제8요일』을 읽고 있었다. 자물쇠를 걸지 않은 이유 중의 하나가 이 소설 때문인지도 모른다. 주인공 피에드레크와 아그네시카는 만난 지 얼마 되지 않아 서로가 서로를 원하는 사이가 되었다. 그들은 목요일 낮부터 일요일 밤까지 나흘 동안 빈방을 찾아다녔지만 공산 치하의 바르샤바에는 사랑하는 사람들이 함께할 그런 공간은 아무데도 없었다. 아그네시카는 "우리에게 세 개의 벽만 있는 방을 달라"고 애원하듯 외쳤지만 연인들의 꿈은 이 세상에는 존재하지 않는 제8요일에나 가능했을 뿐 그들의 외침은 공허한 메아리였다.

그 일이 있고 난 후에도 방문을 잠그지 않았다. 내가 학교에 간 사이 『제8요일』의 주인공인 득남이는 내 방을 들락거렸다. 그래도 싫은 기색을 내지 않았다. 어쩌면 나는 사랑하고 있는 연인들에게 사랑을 할 수 있는 공간을 제공해 주는, 다시 말하면 이 세상에는 존재하지 않는 『제8요일』의 주인 같은 자부심이 느껴진 것은 혹시 아닐까. 창세기 때 엿새 동안 천지를 창조하신 후 이레째 푹 쉬었던 하나님도 인간들이 서로 사랑할 수 있도록 모든 문이란 문에 빗장을 지르지 않았던 것처럼.

득남이를 한 번쯤 만나고 싶다. 그가 살아 있다면 생애가 끝나기 전에 도시의 어느 목롯집 의자에 앉아 피곤을 쉬고 있는 그를 만날 것 같은 예감이 든다. 정말이다. 목의 흉터를 확인하고 "니가 득남이 아이가." 하고 크게 소리를 지르고 싶다.

그를 만나면 그날 밤 내 방을 뺏긴 후 우물가의 두레박을 찌그러뜨린 우리들의 사춘기를 이야기하고 싶다. 순자의 소식도 물어보고 싶다. 아마 그 이야기는 술독에 술이 떨어질 때까지 밤새도록 해도 모자랄 것 같다. "아주머니, 막걸리 한 되 더 주세요."

달빛 사냥

달빛 유혹을 뿌리치지 못한다. 처음에는 옛 선비들의 시에 나타난 달이 무작정 좋더니 날이 갈수록 하늘에 덩그렇게 뜬 달이 그렇게 좋을 수가 없다. 요즘은 부스럼처럼 하늘에 달이 돋으면 월월교 月月敎 신도가 된 것처럼 맘속으로 경배를 드린다. 때로는 함께 노닐어 보려고 달이 빠저 있는 동쪽 금호강을 향해 무작정 걸어나가기도 한다.

초승달보다는 반달이 좋고 반달보다는 보름달이 좋다. 「월하독작 月下獨酌」이란 걸출한 시를 지은 이백의 영향이기도 하고 음력 칠월 보름인 기망날 황강에서 뱃놀이를 즐긴 소동파의 「적벽부 赤壁賦」 탓이라 해도 무방하다. 괜히 멋부리기를 좋아하는 사람들이 "실눈 같은 그믐달이 좋으니" 하고 우겨대지만 만월의 아름다움엔 비길 바가 아니다. 그렇다고 옅은 구름 속에서 숨바꼭질하는 기운 반달이

나 슬픔이 묻어 있을 것 같은 페르샤 단도의 굽은 칼날 같은 초승달이 아름답지 않은 것은 아니다.

어릴 적부터 밤하늘을 좋아했다. 밤하늘에는 우선 달이 있고 무리 지어 흐르는 은하가 있다. 모든 생명이 있는 것들은 움직인다고 했는데 별 밭 속의 별들도 흐르다가 지치면 별똥별을 만들어 팔매질을 한다. 얼마나 아름다운가. 알퐁스 도데 선생은 「별」이란 글을 쓰면서 목동과 주인집 소녀의 가슴속에 푸른 별 하나씩을 심어 주었듯이 내 가슴속에도 오래전부터 찬란한 밤하늘이 둥지를 틀고 밤마다 무수한 얘기들을 풀어놓는다.

외박하고 돌아온 누이의 뿌연 얼굴 같은 낮달은 좋아하지 않는다. 달이라면 그래도 불그스레한 화장기 있는 얼굴에 계수나무 가지로 약간의 우수를 드리워야지 선크림만 잔뜩 쳐바른 그런 모습은 딱 싫다. 몇 년 전인가. 음력 칠월 보름에 맞춰 지리산 종주에 나선 적이 있다. 첫날은 성삼재에서 연하천을 거쳐 벽소령 산장에서 짐을 풀었다. 산행의 기쁨을 술 한잔으로 추슬렀더니 그 아름다운 기억이 새벽 두 시에 오줌 기운으로 돌아 나왔다.

산장 안에는 화장실이 없다. 밖으로 나왔다. 초저녁에 만나지 못한 서 말들이 가마솥 뚜껑보다 더 큰 백중 달이 바로 내 머리 위에 떠 있었다. 얼마나 밝고 환하던지 신문의 작은 활자도 돋보기 없이 읽을 수 있을 정도였다. 감격과 감동이 동시에 밀려왔다. 오! 하나님, 제게 이런 축복을 내려 주시다니요. 능선의 밤공기는 초겨울처

년이 지난 이제야 "임금님 귀는 당나귀 귀." 하고 소리치듯 발설하고 나니 배설의 쾌감만치나 진한 기쁨이 가슴속으로 젖어든다. 정말 오래 참아 왔다.

이제 운부암을 생각하면 후련하다. 생각 속에서 항상 멀리 있고 구름 속에 갇혀 있는 그 암자가 비밀을 털어 버리고 나니 이렇게 가깝게 느껴질 수가 없다. 삼십 년의 단절된 세월도 말 한마디로 쉽게 이을 수 있으니 가섭의 입가에 미소를 번지게 한 염화미소의 참뜻을 겨우 알 것 같다.

운부암에 가고 싶다. 가을이 다 가기 전에 길 없는 길을 걸어 구름 속에 떠 있을 운부암의 요사채, 창호지 하얀 그 방에서 하룻밤을 묵고 싶다. 지극히 적요로운 곳에선 나그네도 풍경이 된다는데 나도 운부암 법당 옆 외진 곳에 서 있는 키 큰 미루나무 같은 풍경이 되고 싶다. 그래 그렇게.

여름아, 한잔해라

시장을 지나다가 우무(우묵)가게를 만나면 그냥 지나치지 못한다. 양복 입고 넥타이를 맸지만 체면 따위는 따지지 않는다. 체면이 너무 없어도 안 되지만 체면을 너무 차리면 위선이다. 평소에 '먹어 봤으면' 하고 별러온 음식을 만나면 그 장소가 어디든 일단 먹고 본다. 체면이 밥 먹여 주지 않는다.

"세 살 버릇 여든까지 간다."는 속담은 정말이다. 음식도 그렇다. '어릴 적 음식이 무덤까지 간다.'는 말은 오히려 진실에 가깝다. '노루가 죽을 때 머리를 고향 쪽으로 향한다.'는 수구초심首丘初心이란 사자성어에는 고향의 언덕만 그리운 게 아니라 어미의 젖 내음과 어릴 적에 먹었던 향기로운 풀에 대한 기억까지 모조리 포함된다.

내가 입버릇처럼 말하는 '고향으로 돌아가고 싶다.'는 염원 속에는 그곳의 햇빛과 바람 그리고 산천의 기억뿐만 아니라 아장걸음 걸을 때부터 뼈가 굵어질 때까지 먹고 마셨던 음식에 대한 추억이 너무나 크게 작용하고 있음을 부인하지 못한다.

해마다 여름이 오면 "야야, 이것 한 그릇 먹어 봐라."는 어머니의 말씀이 환청처럼 들릴 때가 있다. 그것은 학교에서 돌아와 '어디 먹을 게 없나.' 하고 두리번거릴 때 콩국에 만 우무 한 그릇을 내밀며 말하는 어머니의 목소리다. 장날 우무묵의 재료인 한천을 사 오셔서 그걸 정갈하게 씻고 고은 다음 묵으로 만들어 '얼개미'(어레미의 사투리)에 눌러 놓으신 모양이다. 거기에다 맷돌로 간 콩 국물에 우무를 말고 약간의 소금을 치면 여름 별미가 따로 없다.

어머니는 아무리 돈이 없어도 해마다 우무를 직접 만드셨다. 행여 아이들이 더위 먹을까봐 특효약 삼아 그걸 마련하신 것으로 보인다. 내가 시장 통을 거닐다가 우무 집을 그냥 지나치지 못하는 것은 입맛도 입맛이려니와 우무 한 그릇을 앞에 두고 잠시 고향을 다녀오고 내친김에 그리운 어머니까지 추억해 보는 회상의 시간을 갖기 위함이다.

지금부터 삼십여 년 전 신천동 푸른 다리 부근 버드나무 밑에는 흰 수건을 쓴 아주머니가 작은 목판을 차려놓고 우무를 팔았다. 그때는 이 일대가 골동품과 민속품 장수들이 진을 치고 있었다. "이인성의 유화 작품도 이곳 고물상에서 나왔다더라."는 입소문이 돌면서 딜레탕트(dilettante)들의 발걸음이 아주 잦았던 곳이다.

나 역시 퇴근길에 으레 한바퀴 돌아보고 오백 원짜리 우무 한 그릇을 먹어야 직성이 풀리곤 했다. 두 달 만에 돌아오는 보너스 달은 더욱 신이 났다. '창신동 언덕길'이란 15호짜리 유화를 칠만 오천 원에 산 날은 천 원짜리 우무를 먹고도 기분이 너무 좋아 생맥주 몇 잔을 더 마셔야 했다.

지금도 내 서재에 걸려있는 일본의 여고 3년생인 미야무라 쿄코 宮村京子란 소녀가 그린 「후지산」(4호) 그림은 만 원을 주고 사서 3만 원짜리 드레스를 입혔어도 횡재한 기분이었다. 사과밭도 몇 만 원에 경매를 받았고 국화 다발은 생화 값보다는 몇 배 비싼 값에 매입했지만 후회는 없다. 나의 그림 수집 작업은 우무와 불가분의 관계가 있다.

해마다 여름이 오면 건어물전에서 한천을 산다. 뿌리에 붙어 있는 불순물을 떼어내고 고음하듯 푹 고아 넓은 그릇에 담아두면 저절로 우무묵이 된다. 우무를 얼개미에 얹어 누르면 결 고운 냉면 발처럼 사발 가득 쏟아져 내린다. 탐스럽다.

우무를 콩국에 말아 먹으며 무더운 여름을 즐긴다. 골패묵처럼 썰어 갖은 양념을 끼얹으면 훌륭한 여름 반찬도 된다. 여름은 참으로 멋스러운 계절이다. 연인들이 "네가 있어 내가 행복하다."고 말하듯 여름은 우무가 있어 정말 근사하다. "여름아 한잔해라. 우무야, 너도 한잔해라. 건배, 짜안."

저녁 종소리

    가을 들판을 보면 마음이 넉넉해진다. 벼 이삭이 고개를 숙인 황금 들녘에 서면 그렇게 감사할 수가 없다. 밀레의 「만종」 속에 서 있는 남편처럼 모자를 벗고 아랫배 위에 두 손을 모으고 경건한 마음으로 기도를 드리고 싶다. 그럴 때면 뜻이 하늘에 닿아 여태까지 애원하고 갈구해 오던 이루지 못한 것들이 모두 이뤄질 것 같다.

    "가을에는/ 기도하게 하소서/ 낙엽들이 지는 때를 기다려 내게 주신 겸허한 모국어로/ 나를 채우소서./ 가을에는/ 사랑하게 하소서/ 오직 한 사람을 택하게 하소서/ 가장 아름다운 열매를 위하여 이 비옥한/ 시간을 가꾸게 하소서."
                                        - 김현승의 시 「가을의 기도」 중에서

가을이 오면 은혜로운 물결로 출렁이는 들길을 자주 걷는다. 자전거 바퀴에 감겼다가 풀리는 촉감 좋은 좁은 흙길을 휘파람 앞세워 걷고 있으면 어디선가 종소리가 들려온다. 고향집에서 듣던 성당의 삼종 소리가 희미하지만 질기게 귓가를 맴돈다.

그것은 어쩌면 밀레의 그림을 볼 때마다 들려오던 바로 그 종소리다. 그러니까 고향의 저녁 종소리가 「만종」이란 그림 속으로 전이되었다가 그것이 오늘처럼 들길을 걸을 때 '댕 댕 댕…' 하고 들리는 바통을 받아 달려온 릴레이 종소리임이 분명하다. 소리의 기억이 연상 작용을 일으키면 들판의 바람처럼 달려온 종소리들이 귓속에 가득하다.

잘 그려진 명화名畵는 반절로 접어도 각각 다른 두 개의 그림이 된다. 그렇지만 밀레의 「만종」 속 첨탑의 종소리는 그림도 되고 음악도 된다. 그 종소리는 화면 밖으로 튀어나가 돌아오지 않는다. 이미 그림이 음악으로 바뀌어 가을이 오는 길목 들판을 서성이는 내 귀에까지 도달했으니 예술은 정말 위대하다. 종소리 이명耳鳴이 고질병으로 깊어져 평생 못 고친다 해도 후회하지 않으리라.

밀레는 고향 바르비종을 사랑하는 마음과 그 사랑이 빚어낸 풍부한 색채를 그림 속에 꼭꼭 심어 두었다. 그리고 가을을 맞아 한 해의 결실을 수확하는 이곳 주민들의 순박한 마음씨가 한데 어우러져 「만종」이란 위대한 종소리를 만들어 낸 것이다. 종소리는 종지기의 줄 당김에서 시작되는 출발은 있어도 끝나는 마지막은 없다.

들리지 않는다고 그 소리가 소멸되는 것은 아니다.

「만종」을 그린 계절은 가을이다. 감자를 캐고 난 뒤 마른 풀 더미가 화면 뒤쪽으로 밀려나 있고 저녁거리 낱알 감자가 바구니에 담겨 있다. 멀리 보이는 아득한 지평선 끝 교회 첨탑에서는 가을걷이가 대충 끝난 들판을 향해 저녁 종소리를 울리고 있다. 종소리 다음에는 햇빛과 비와 바람을 내려 주셔서 풍성한 결실을 맺게 해 준 하늘을 향해 성가를 바치는 일도 빠뜨리지 않는다. 찬송의 제목은 모르긴 해도 「놀라운 은총」(Amazing grace)쯤 되리라고 감히 짐작해 본다.

가을 들판에 들리는 저녁 종소리에 집착하게 된 것은 고향에 대한 그리움 때문이다. 러시아 민요 중에 종소리에 관한 것들이 더러 있다. 「저녁 종소리」 「트로이카의 작은 종」 「종소리는 단조롭게 울리고」 등의 노래가 실려 있는 CD를 사러 시중 가게에 나가 봤지만 내가 원하는 종소리는 구할 수 없었다.

"저녁 종! 저녁 종!/ 얼마나 많은 생각이 떠오르는지/ 어린 시절 고향/ 내가 사랑하던 아버지 집이 있던 곳/ 난 저녁 종과 이별했네." 라는 아주 낮은 저음으로 부르는 「저녁 종소리」란 노래를 듣고 싶다. 러시아인이 아닌 이방인들도 이 노래를 들으면 향수에 젖어 든다는데 내게도 머잖아 아름다운 음악을 들을 수 있는 그런 날이 오겠지.

'만종'의 부부 곁에 감자 바구니가 놓여있다. 감자는 이곳 사람들에게는 밀과 함께 주식에 가까운 식량이다. 밀레는 들판 이 자리에서 「만종」과 「이삭줍기」를 그렸다. 「이삭줍기」는 머리에 수건을 쓴 세 사람의 여인네가 밀 이삭을 줍는 광경을 그린 작품이다. 「만종」에서는 감사를, 「이삭줍기」에선 가난을 그린 것 같은데 그건 내 어릴 적 고향 풍경을 그린 것이나 크게 다르지 않아 보인다.

나는 감자에 대한 특별한 애정을 갖고있다. 어릴 적 우리 집에서는 감자도 쌀에 버금가는 귀한 양식이었다. 고향집의 타작하던 바깥마당을 감자밭으로 일궈 양식이 귀할 땐 감자와 푸성귀를 넣고 죽을 끓여 끼니를 때울 때도 있었다. 어느 날 어머니는 우물가 대여섯 평쯤 되는 별도의 채마밭을 내게 떼어 주시며 "너 혼자서 감자 농사를 지어 보아라."라고 명하셨다.

일찍 세상을 버려 아버지 없이 자라는 아이에게 자립심을 길러주는 방편이었겠지만 초등학교 삼 학년짜리 일꾼에겐 벅찬 노동이었다. 또래 친구들을 불러 일손을 빌려 보았지만 특별히 먹을 만한 군것질거리가 없을 땐 거들어 주지 않았다. 혼자 감자 농사를 지으며 몇 번이나 몸살로 몸져누웠지만 농사를 그만두게 하지는 않으셨다.

농사는 공부보다 더 어려운 호된 시련이었다. 그러나 흰 감자 자주색 감자를 추수하여 포대기에 퍼 담을 때의 뿌듯함과 즐거움은 무엇과도 바꿀 수 없는 행복이었다. 그것보다는 "우리 아들 다 컸네."란 어머니의 칭찬이 무엇보다 더 큰 격려가 되었다. 지금도 감자

전과 푸실푸실하게 삶은 감자를 즐겨 먹지만 논매기 철에 멸치를 넣은 감자조림 맛은 혀끝에 생생히 남아 있는 그리운 미각이다.

　내 책상 왼쪽 벽에는 빈센트 반 고흐가 희미한 램프 밑에서 「감자 먹는 사람들」을 그린 그림이 붙어 있다. 원화가 A4용지에 흑백그림으로 바뀐 볼품없는 것이지만 보면 볼수록 정감이 간다. 추수한 감자를 삶아 일을 거들어 준 동무들과 함께 먹던 어릴 적 생각이 난다.

　이럴 땐 컴퓨터를 켜고 프랑스 솔렘 수도원의 종소리를 듣는다. 검은 옷에 검은 안경을 쓴 늙은 수도사가 줄을 당기는 종소리를 듣고 있으면 귀와 눈이 열리고 마음까지 열린다. '뎅 데엥 데에엥…' 나는 열쇠가 없어도 시동이 걸리는 타임머신을 타고 고향으로 간다. 종소리가 울려 퍼질수록 그리움이 익어간다. 가을이 깊어질수록 추억이 여물어 간다.

외로움에 대하여

나는 외로워서 글을 쓴다. 내 글은 모두 외로움의 소산이다. 만일 외롭지 않았다면 단언하거니와 절대로 글을 쓰지 않았을 것이다. 혼자일 때도 물론 외롭지만 둘이 있을 때도 외롭고 다중이 꽃밭의 꽃처럼 모여 있을 때도 역시 외로움을 느낀다.

아내와 함께 「패션 오브 크라이스트」란 영화를 보러 갔었다. 대형 화면에 음향도 좋았고 분위기도 그럴 만했다. 캄캄한 객석에서 영화 속으로 빨려들어 가니 내 옆에 앉았던 아내는 간 곳이 없고 나 혼자 갯세마네동산을 배회하고 있었다.

예수 그리스도가 무수한 채찍질을 당하며 언덕 위 십자가에 못 박혔을 때 당신의 그 쓸쓸함과 외로움이 내 가슴으로 전이되어 왔다. 나는 예수를 십자가에서 내려놓고 대신 내가 십자가에 못 박혀 내 옆에 매달려 있는 바비도의 귀에 들릴 만한 소리로 "엘리 엘리라마사박다니."(주여, 나를 버리시나이까)라고 외쳤다. 나는 영화를 보면서도 외로웠고 아내의 손을 잡고 영화관 밖으로 나와서도 몹시 쓸쓸했다.

사람들은 나름대로 외로움을 이겨내는 방법을 터득하고 있다. 어떤 이는 시를 쓰고, 그림을 그리고, 어떤 이는 노래를 부르고, 춤을 추기도 한다. 모든 예술의 탄생은 외로움이 빚어낸 영근 결실인 셈이다. 아무리 외롭고 괴로워도 선천적으로 예술 쪽으로 기울지 못하는 사람들은 차선책으로 어리광을 부리게 된다. 어리광은 혼자에서 벗어나는 길이며 외로움을 이기는 묘약 한 사발이다.

종교는 외로운 사람들이 스스로 만든 성황당의 돌무지며, 바라보고 두 손 모으는 교회의 종탑이며, 외로운 사람끼리 모여서 빙글빙글 돌아가는 탑돌이 석탑일 뿐 아무것도 아니다. 어쩌면 종교는 모든 중생들이 부리는 어리광을 조직적으로 받아들이는 하나의 장치일 뿐이다. 사람들의 기대고 싶은 어리광이 없었으면 아예 종교는 태어나지 않았을 것이다.

사람은 외로워야 한다. 외롭지 않으면 예술도 없고 종교도 없고, 이 세상에서 가장 빛나는 보석인 사랑도 우정도 없다. 나는 얼마 전 우리 내외의 품을 떠나 살고 있는 딸아이에게 이런 편지를 썼다.

"사랑하는 지은아, 사람이 느낄 수 있는 쓸쓸한 감정은 홀로움이 차려주는 최상의 만찬이다. 너희들도 자주 외롭고 쓸쓸한 감정에 휩싸이기 바란다. 음악을 듣고, 영화를 보고, 시를 읽고, 그림을 보면서 자주 눈물을 흘리기 바란다. 예술적 감수성에서 비롯되는 눈물은 인류를 사랑하게 되고, 또 동물과 식물을 사랑하게 되며, 나아가서 이 세상에 존재하는 모든 삼라를 보듬고 껴안을 수 있는 묘약을 마시는 것에 다름 아닌 것이다."

외로움은 민초들만 느끼는 쓸쓸한 감정이 아니다. 임금도, 신하도, 성직자도, 어머니도, 유생들도 그들의 외로움을 붙들어 맬 의지처를 찾지 않으면 안 되었다. 옛 선비들의 경우를 보자. 원래 유생들의 삶이란 숲이 없는 들판에 지은 기와집처럼 햇빛을 받아주는 그늘이 없다. 그들은 햇빛에 노출되어 있는 이끼나 음지식물처럼 늘 불안해한다. 그래서 평소 맘속으로 하대하고 있던 뜻이 맑은 스님들을 가까이 끌어당겨 마음을 의탁하는 경우가 왕왕 있었다.

"강진으로 귀양 온 다산이 『주역』과 '기신론'에 빠져든 채 술주정을 하곤 백련사 혜장의 번뜩거리는 형안을 기특해하고, 아들뻘인 그에게서 위안을 얻으려 한 것도 바로 그것이다. 더러운 현실을 바로 잡을 수 있는 것은 유학이라고 내세우고 불교의 무와 공을 비판하면서도 혜장과 초의를 가까이하려 한 것은 유현한 그늘을 만들어 그 속에서 햇볕을 피하려는 것이었다."

낙향한 회재 이언적도 마찬가지다. 그는 경주 안강 자옥산 기슭, 맑은 물이 흐르는 개울가에 홀로 머물면서 즐길 수 있는 공간인 독락당을 지었다. 회재는 너무나 외로운 나머지 흘러가는 개울물을 벗하기 위해 시야를 가로막는 담장을 헐고 그곳에 나무 창살을 달아 귀에 들리는 개울물 소리를 눈으로 들었다.

그러는 한편 회재는 독락당 뒤에 있는 정혜사의 스님이 마음 놓고 드나들 수 있도록 자신의 독락당 안 계정溪亭을 산 내 암자로 비워주었다. 그래도 스님의 발걸음이 잦지 않자 계정이란 현판 옆에 양진암養眞庵이란 현액을 달아 외로운 낙향 선비의 집에 목탁 소리와 염불 소리를 넘쳐나게 했다. '억불숭유'란 기치 아래 유불儒佛이 유별한 시대였는데 왜 그랬을까. 외로움과 쓸쓸함을 이겨내는 한 방편이었으리라.

감옥은 외로운 마음을 진열해둔 표본실이다. 그곳에는 비단 외로움뿐 아니라 그리움 지겨움, 미움 그리고 황량함까지를 농축해둔 전시실이다. 감옥에 수감되어 있는 죄수들은 여럿이 함께 살면서도 그 여럿을 인정하지 않는다. 혼자라고 생각한다. 그러면서 그들은 끊임없이 '바깥세상'을 지향할 뿐 실제 생활하고 있는 '안 세상'은 돌아보지 않는다.

결국 감옥은 외로움의 부피가 커지면서 그리움만 켜켜로 쌓이는 곳이다. 그리움은 만남을 통해 해소되지 않으면 사람의 심성이 황폐해질 수밖에 다른 도리가 없다. 감옥은 그런 곳이다. 감옥 속의 겨울은 서로가 서로의 체온이 필요하여 끌어당기는 인력이 강하게 작용하는 계절이기에 그런대로 지내기가 괜찮은 편이다. 그러나 감옥의 여름나기는 그야말로 지옥이다. 서로가 서로를 밀어내고 체온이 체온을 싫어하는 계절이기 때문이다. 그래서 감옥 속의 외로움은 미움으로 변주되어 동료라는 유대감마저 상실하게 된다. 유대감의 상실은 바로 '사람은 사회적 동물'이란 진리를 거부하는 것과 통한다.

연전에 삼십 년 넘게 근무해 오던 직장을 떠나면서 이런 글을 써 사보에 기고한 적이 있다. 재직하고 있을 적에는 일상이 바쁜 탓도 있었겠지만 그렇게 외로움을 많이 타진 않았다. 그때는 외로움이란 단순하게 '수컷이 암컷에게 보내는 연가'의 한 소절이라고 생각했을 뿐인데 막상 실직이 주는 외로움의 강도는 그게 아니었다.

"회사를 떠나던 날, 바다를 연상했습니다. 여러 명의 동료들과 함께 뛰어내려 우선은 동아리를 지울 수 있으나 결국 혼자가 되는 엄연한 현실 앞에서 망연자실할 수밖에 없었습니다. 하루 이틀 지나면서 바다의 두려움은 파도와 추위가 아니라 외로움이란 걸 느끼게 됩니다.

혼자라는 사실에 익숙해져야 나무와 풀꽃들 그리고 산새들과 바람에게도 얘기를 전할 수 있다고 합니다. 아직 저는 홀로서기가 어렵습니다만 곧 고독 속에 함몰하여 일체를 이룰 수 있을 것 같습니다. 그때가 되면 하늘과 그리고 별들과도 교통할 수 있겠지요."

실직 후 나는 정말 외로웠고 쓸쓸했다. 하늘과 땅이 내 언어를 알아듣지 못했다. 울고 싶지만 눈물조차 나지 않았다. 아침 먹고 만나는 산山만이 위안이었다. 그래서 「산에서 운다」라는 글 한 편을 쓰면서 산에서 죽어 버릴까 하는 생각도 해보았다. 아이들에게는 "너희들도 자주 외로워하고 쓸쓸한 감정에 휩싸여 눈물을 흘리기 바란다."고 당부하면서도 정작 자신은 그 외로움을 주체하지 못하고 있으니. 결국 인간은 나약한 존재이고 아무도 외로움을 이길 수 있는 장사는 없는 법.

그러다가 얼마 지나지 않아 낙향한 선비가 산천을 찾아 나서듯 나는 우리의 아름다운 문화유산들을 찾아 답사라는 길떠남의 신들메를 조여 맸다. 답사는 외로움을 떨쳐내는 작업이 아니라 더 외로워지는 길이었다. 나는 이렇게 외로운 작업을 몇 년째 계속하고 있다.

답사에서 건진 이삭들을 글로 쓰고 그림을 그려 내가 봉직하던 신문에 이 년 동안 일백 회를 연재했다. 지난번 연재가 최종회에 이르렀을 때는 마지막 답사지를 고향집으로 정하고 내 외로운 심정을 이렇게 노래했다.

"사실 답사를 시작한 건 외로움 때문이었다. 외로움에서 벗어나기 위해선 철저히 외로워지는 방법밖에 다른 도리가 없었다. 그래서 혼자 떠났다가 홀로 돌아왔다. 보아라. 산 그림자도 외로워서 하루에 한 번씩 마을로 내려오고, 가진 것 없는 빈 마음들도 저물 무렵이면 주막 어귀로 모여든다. 사람만 외로움을 타는 것이 아니다. 벌과 개미가 모여 사는 것도, 바람과 구름이 한곳에 머물지 못하고 흘러가는 것도 모두 외로움 탓이다. 산다는 것은 외로움을 견디는 일이다. 아니다. 살아간다는 것은 혼자 울고 있는 것이다. 어쩌면 산다는 것은 겨울바람에 맞서는 문풍지의 떨림 같은 것이며 그래도 산다는 것은 눈물로 부르는 슬픈 노래 같은 것이다. 삼라를 주관하는 하나님도 더러 눈물을 흘리시는 까닭도 외로움 때문이란 걸 길 위에서 만나는 인연 때문에 터득했다. 그리고 '유적답사'라는 것도 사실은 자연이란 스승이 불러주는 '받아쓰기'란 것도 그때 알았다."

 이제 다시 길 떠나게 되면 산부인과 의사인 친구에게 청진기 하나를 빌려 카메라 대신 그걸 메고 답사에 나설 참이다. 바람맞이 언덕에 홀로 서 있는 등 굽은 소나무는 얼마나 외로운지, 해바라기와 달맞이 풀은 무엇이 그렇게 그리워 해와 달을 끊임없이 쫓아다니는지, 나무와 풀꽃들의 상심한 야윈 가슴에 청진기를 대보고 또 물어도 볼 것이다. 그래서 나의 외로움이 그들 풀꽃들의 그리움을 능가하는지를 한번 재볼 작정이다.

매화 시사梅花 詩社

다산이 정조 임금으로부터 총애를 받던 시절 '죽란시사竹欄詩社'란 모임을 주도한 적이 있다. 정조가 직접 뽑은 초계문신 6명을 포함하여 요즘 청와대 비서관 격인 젊은이 15명을 규합하여 명목과 구실이 있을 때마다 모였다. 모일 땐 붓과 벼루 그리고 안주를 갖춰 시를 짓고 술을 마시며 담론을 주고받았다. 시사란 선비들의 계모임을 말한다.

모이는 날은 매화가 눈 속에서 꽃망울을 터트릴 때, 살구꽃이 필 때, 복숭아꽃이 산천을 붉게 물들일 때, 참외가 익을 무렵에 여름을 즐기기 위해 만났다. 가을이 성큼 다가와 연꽃이 벙글 때, 국화가 서리를 맞고 그윽한 국향을 피울 때, 그러다가 겨울에 큰 눈이 내리면 모두 모였다. 철 따라 모이는 계절 모임은 일곱 번이었다.

비정기 모임도 더러 열렸다. 누가 아들을 낳으면 소문 듣고 모이고, 벼슬이 높아지면 축하차 만났다. 수령으로 나가는 이가 있으면 자주 못 보게 되어 섭섭하다고 어울렸으며 자제가 과거에 급제하면 그 집에서 잔치를 벌였다. 그러니까 정기, 비정기 모임을 합치면 사흘들이로 모였으니 죽란시사 회원들은 다른 벼슬아치들의 미움과 시샘의 대상이었다.

내색하진 않았지만 이런 모임이 요즘도 있다면 나도 한 번 참여해 봤으면 하는 아름다운 꿈을 꾼 적이 있다. 풍류의 극치랄 수 있는 이런 만남은 각박한 세상에 있을 수도 없거니와 설령 있다손 치더라도 감히 그런 자리에 선뜻 나설 수가 없을 것 같아 마음을 접어버렸다. 그래도 생각을 지우는 지우개는 없는 법이어서 마음 한 자락 끝에서 '꽃 피면 모이고 열매 익으면 만나는' 연습을 나 혼자 하곤 했다.

음악 들으며 커피 마시고 비스듬히 누워 글 읽는 '홀로시사'는 하루 이틀이면 몰라도 재미없고 시시하다. 한겨울을 잘 버티다가도 남녘에서 매화 소식이 들리기라도 하면 잠자던 영혼이 각성 주사라도 맞은 듯 좀이 쑤셔 일어나지 않고는 못 배긴다. 봄이 머무는 곳에 봄 만나러 가야 한다.

전라도 승주의 선암사 무우전 돌담 옆 오륙백 년 된 늙은 홍매 대여섯 그루의 자태와 향이 몇 년째 '홀로시사는 접어두고 달려오라.'고 손짓하고 있다. 그 유혹을 한 번도 뿌리친 적이 없다. 홍매의 개화 시기는 사월 십일경이 적기인데 해마다 들쭉날쭉하여 날짜를

정확하게 맞춘 적은 한 번도 없다. 선암사 홍매를 만나러 가지 못하는 해는 완행열차를 타고 해운대 옆 기장역 구내에 있는 외나무 홍매를 만나러 가기도 했다. 해마다 봄을 찾아 길 떠나 보지만 어느 한 번도 제대로 된 봄은 만나지 못했다.

그러던 어느 날 지인으로부터 한 통의 편지가 왔다. 편지에는 "올해 춘추가 이백 세쯤 되는 백매 봉오리가 톡!하고 터질 것 같다."는 소식이 담겨 있었다. 그는 어느 스님이 지은 「종일심춘 불견춘終日尋春 不見春」이란 제목의 오도송悟道頌과 이백의 「산중문답山中問答」 등 두 편의 시를 동봉해 보냈다. 그러면서 말미에 "모일某日 모시某時에 수양 청매가 가지를 늘어뜨려 연못을 희롱하고 있는 모헌某軒에 모여 달빛 아래서 가야금 산조나 한 곡조 듣자."며 겨울잠에서 갓 깨어난 영혼에 은근하게 불을 질렀다.

세상에, 세상에 이럴 수가 있나. 나는 초계문신도 아니고, 시문詩文을 자유롭게 읊는 선비도 아니다. 주말이면 산으로 가는 다만 산중 처사일 뿐인데 나를 이렇게 매화 시사에 불러내다니. 마음에 불이 붙으니 "인간 이별 만사 중에 좋구나 매화로다 사랑도 매화로다"라는 어디서 들어 본 적이 있는 '매화타령' 한 구절이 곧 입 밖으로 튀어나올 것 같다.

"종일토록 봄을 찾았어도 봄을 보지 못하고/ 짚신이 다 닳도록 이랑머리 구름만 밟고 다녔네./ 허탕 치고 돌아와 우연히 맡은 매화 향기/ 봄은 벌써 내 집 매화 가지 끝에 와 있었네."

편지 속 오도송은 내 마음을 벌써 알아차리고 나를 꾸짖고 있었다. 그래, 봄 찾아 멀리 갈 것 없다. 모리스 마테를링크의 동화에 나오는 파랑새를 찾아 먼 나라로 떠났던 틸틸과 미틸의 이야기를 굳이 들추지 않아도 되겠다. 내가 키우고 있는 손안의 새가 곧 파랑새인 것을. 부처를 찾아 사방천지를 헤매지 않아도 될 것이며 무지개를 좇아 산 너머 먼 곳까지 갈 필요가 없다.

동쪽 하늘에 걸린 이월 보름달이 붉은 기운을 더해 가자 가야금 줄이 팽팽하게 부풀면서 '티엥!'하고 첫 음을 하늘로 쏘아 올렸다. 바로 귀곡성까지도 하모닉스 주법으로 표현한다는 김병호의 가야금 산조였다. 오늘 매화 시사가 절정에 이르는 순간이다.

매향과 월색 그리고 산조에 취한 들뜬 마음 위에 술 한잔 끼얹으니 추임새가 저절로 튀어나온다. '얼쑤 조오타, 조코 말고 얼쑤.'

내가 나에게 쓴 고백록

〈서두〉

"별일 없제?" 내 안에 있는 너에게 이런 질문을 던진다는 게 말 안 되는 말이란 걸 나는 안다. 하기야 천날만날 같이 붙어 있는 주제에 "별일 없제?"라고 물으면 무슨 용빼는 대답을 하겠냐. "니가 잘 알다시피 별일 없다 왜. 그런 걸 뭣땀시 묻냐."라는 퉁명스런 대답이 나올 것도 내 뻔히 알고 있다.

그렇지만 백의민족의 인사라는 게 하나같이 곡기穀氣가 없다는 걸 넌 잘 알고 있지 않느냐. 일테면 이 쑤시게 물고 나오는 어르신을 향해 "진지 잡수셨습니까."라고 인사하고, 사나흘 설사를 한 친구를 약국 앞에서 만나 "야 니 얼굴 조타."라거나, 출출한 퇴근길 술집 앞에서 만난 동창 녀석에게 "언제 만나 우리 술 한잔하자."는 입 부조가 그래도 미덕인 우리의 전통 관습이 아니더냐.

백수인 자네에게 '요새 뭘 하며 지내냐.'는 황당한 질문을 던질 수가 없다. 그러면 넉살맞기가 분수를 넘는 자네는 "작년에 하던 거 그거 한다."고 용케 피해 가겠지. 지난해 무슨 짓을 했는지를 깜빡 잊고 있었던 나는 "작년에 니 정말로 뭐하고 지냈노?"라고 다시 엉겨 붙으면 자넨 정색을 하고선 "에브리데이 선데이. 놀았다 왜."라고 대답하겠지. 내 말 맞제.

〈성장〉

너는 가난에서 태어나 남루 속에서 성장했다. 가난은 원래 입 없는 동물과 같다. 먹어야 할 때 먹지 못하고, 입어야 할 때 입지 못하기 때문에 영양이 균형을 잃고 자신감을 상실하게 된다. 자신감을 잃으면 남 앞에 서기가 두려워지며 말한다는 게 자꾸 어려워지게 된다. 가난에서 비롯된 그런 비열한 속성이 네 속에 내재하고 있는 흔적은 유물발굴에서처럼 여러 곳에서 뚜렷하다.

너는 아니라고 우길 수도 있다. 평생 종사한 언론이란 직업에서 갈고 닦은 질경이 같은 뻔뻔스러움 그리고 어떤 어려움 속에서도 눈 하나 깜짝하지 않는 당돌함과 때론 남을 깔아뭉개는 오만함이 남루의 속성을 밀어냈다고 할 수 있을지 몰라도 너를 지배하는 내면의 원류는 아직도 면면히 흐르고 있음을 간과해서는 안 된다.

너는 영악하고 때론 영특한 면이 없지 않다. 남들은 유아기 적의 가난과 자신의 비루함을 숨기고 가문의 비밀은 페르샤 왕국의 보물 창고보다 더 은밀하게 감춘다. 그러나 너는 자신과 가문의 부끄러운 치부를 오히려 드러냄으로써 '솔직함'이니 '진솔함'이란 당의정으로 도포하여 무엇인가를 보상받으려는 얄미운 술수를 부리고 있다.

솔직히 말하건대 너는 이제까지 글을 써 오면서 아버지의 이른 타계와 어머니의 가난을 너무 많이 팔아먹었다. 네가 젊은 시절에 쓴 에세이를 대충 훑어보면 고향이라는 큰 테두리를 정해 놓고 그 속에 아버지와 어머니 그리고 가난과 외로움을 집어넣은 다음 뻥튀기 기계 돌리듯 계속 돌리고 있더구나. 그래서 얻은 것이 무엇이냐. '뻥뻥'하고 튀기다 보니 무엇이 남더냐. 알량한 수필 몇 편? 차라리 물건을 파는 상인처럼 까놓고 "한 개 팔면 얼마 남는다."고 솔직하게 말하는 게 낫다. 거듭 말하거니와 "문학을 공부한다는 사람이 단일 상품을 디자인만 약간씩 바꿔 도매상처럼 그렇게 팔아먹으면 안 되지. 그러면 정말로 몬써."

〈등단〉

너는 등단이란 관문을 통과한 적이 없는 문학인이다. 다시 말하면 등단하지 않고 등단한 수필가다. 대한민국에서 발행되는 문학잡지 12월호의 '문학인 주소록'을 보면 너의 이름이 빠져 있는 잡지는 없다. 지금도 등단을 위해 열심히 습작을 하고 있거나 작품 몇 편을 들고 여러 문학 잡지의 신인상 주변을 기웃거리는 '문청'이나 '문지매'(문학을 지망하는 아지매)들에겐 송구스런 마음을 가져야 하고 진실로 사죄해야 한다.

 너는 간혹 문학 잡지 쪽에서 데뷔 연도, 매체, 작품 등을 알려 달라는 연락이 올 때마다 호기롭게 "84년 11월, 현대문학, 아버지를 만나는 강"이라고 쓰더구나. 그 사실이 틀렸다는 말은 아니다. 잡지사 측에서는 작가 김원일의 친구인 '언론인 구활'의 수필 한 편을 실어줬을 뿐인데 넌 그걸 데뷔로 착각하고 있으니 분명 네가 저지른 오류임이 틀림없다.

 그런데 잡지사 측에서도 이듬해인 85년 9월 「어머니의 텃밭」이란 수필을 실은 후 '언론인'이란 바이라인을 지우고 '수필가'로 명명해 주었고 문학인 주소록에도 꼬박꼬박 이름을 올려 주었다. 그것은 마치 "내가 그의 이름을 불러 주었을 때 그는 나에게로 와서 꽃이 되었다"던 김춘수 시인의 「꽃」에서처럼 "그에게로 가서 너도 꽃"이 된 셈이다.

 너는 친구를 잘 만나 시절과 인연이 딱 맞아 떨어진 억수로 운이 좋은 놈이다. 그 후에도 우리나라 최고의 문학 잡지인 『현대문학』 측에선 너를 차버리지 않고 359호부터 491호까지 모두 14편의 에세이를 실어주는 등 애정의 술을 쉬지 않고 거푸거푸 따라 주었다.

 하기야 전국 노래자랑이란 어려운 관문을 뚫고 가수 되는 이가 있는가 하면 패티 김과 이미자의 딸이 쉽게 가수가 되고, 최무룡 이예춘 허장강의 아들들이 배우가 되고 교육부 장관의 아들이 수능고사와는 상관없이 명문대에 슬쩍 미끄러지듯 들어가는 경우도 있으니 비록 아비 없이 자랐을망정 부러울 게 없구나.

그러니 문제는 명가수 명배우들의 아들딸인 까밀라가 그러하고 최민수 이덕화가 그러하듯 너는 '아비 없이 자란 후레자식'이란 소리를 듣지 않도록 최고 일류는 되지 못해도 문단 말석에 앉아 후방을 희미하게 비추는 미등이나 달리는 방향을 예고하는 깜빡이등 정도의 역할은 충실히 해야 할 것이다. 알겠제. 내 말 알아 듣겠제.

〈수필〉

너는 40여년 가까이 에세이를 써 오면서 글에 대해 아는 게 없더라. 너처럼 무식한 작가도 별로 없을 것 같다. 그리고 너의 결점은 남의 글을 읽지 않는 것이고, 둘째로 글은 빨리 쓰되 많이 고치지 않는 것이며, 셋째 글을 되는 대로 대충 쓰기 때문에 문장의 구성에 짜임새가 없는 것이다.

이것은 너의 오랜 버릇으로 쉽게 고쳐지지는 않겠지만 그래도 내가 하는 말을 바로 알아듣고 반성하고 고쳐야 한다. 집으로 배달되는 수필 잡지는 물론 경향 각지에서 부쳐오는 많은 책들을 솔직히 말해 온전하게 끝까지 읽은 것이 몇 권이나 되느냐. 연전까지만 해도 책 잘 받았단 답신조차 하지 않다가 요즘 겨우 늘었다는 게 겨우 몇 편 읽고 메일로 "보내주신 수필집을 잘 받았고 어쩌구 저쩌구…" 입발림 말만 늘어놓지 않았느냐. 솔직하게 말해 보아라. 맞제, 내 말 맞제.

그리고 수필 잡지에 네가 쓴 수필에 대한 평이 났는데도 그것조차 읽어 보지 않고 몇 년을 지냈으니 넌 어쩌면 글 쓸 자격이 없는 놈인지도 모른다. 호랑이나 사자 같은 맹수도 사냥감 한 마리를 사냥할 때 전속력으로 질주해도 잡을까 말까라는데 네가 만약 맹수라면 쥐새끼 한 마리도 못 잡고 굶어 죽었을 것이다. 대오각성 바란다.

그래도 요즘은 퇴고의 중요성을 깨닫고 쓴 글을 고치고 또 고치더라마는 얼마 전까지만 해도 신문기사 쓰기의 타성이 그대로 전수되어 고치는 일에 등한했던 일은 뉘우치지 않으면 안 된다. 첫 에세이집 「그리운 날의 추억제」를 다시 읽어보니 어떻더냐. 설은밥처럼 혀가 음식을 밀어내고, 덜 익은 풋과일 맛처럼 혀끝이 아리지 않더냐.

그리고 글을 쓰기 전에 귀찮더라도 설계도를 충실하게 그린 다음 탄탄한 구성 위에 이야기를 풀어나가도록 하여라. 넌 여태까지 글 쓸 소재를 머릿속에 몇 바퀴 굴린 다음 펜이 가는 대로 버려두고 뒤따라가는 방법을 취해 왔다. 어느 것이 옳은 방법인지 모르겠지만 설계도를 미리 그리든 그리지 않든 간에 구성에 좀 더 신경을 쓰기 바란다. 본 없이 옷감을 자르는 재단사가 없고 기본자세를 익히지 않은 운동선수는 대성할 수 없다는 것을 명심하기 바란다.

〈상금〉

너는 그동안 몇 개의 문학상을 받았고 여기저기에서 저술 지원금을 받았다. 너의 글을 내가 읽어 보면 어느 곳에도 상을 탈 만한 구석이 없는데 주최 측에서 모든 것이 부족한 너를 택했다니 그것은 참으로 이상한 일이다. 트럭 운전사가 미국 여배우 엘리자베스 테일러의 일곱 번째 남편이 되었다는 이야기와 맥을 같이하는구나. 그래 말이야. 미녀를 올라타고 종착지점인 오르가슴을 향해 땀흘리며 달리기보다는 자갈밭 트럭 운전이 훨씬 마음 편했을 텐데. 나중엔 쫓겨나고 물론 후회했겠지만.

받은 상은 대구광역시 문화상(문학) 신곡문학상(대상), 원종린수필문학(대상), 현대수필문학상, 대구문학상, 금복문화예술상, PEN 문학상, 송헌수필문학상 등이 그것이다. 대부분의 상들은 주최 측에서 필자의 신청 없이 심사를 한 것이지만 한두 개는 부끄럽게도 "상을 주십사."고 공식 서류를 갖춰 신청하여 받은 것이다. '잿밥 탐내는 승려'가 따로 없다. 너는 그런 사람이다.

너는 한국언론재단, 방일영문화재단, 한국문화예술진흥원(05년), 대구경북 연구원 등에서 과분한 저술 지원금을 받았다. 문학상은 작품의 수준도 물론 중요하겠지만 먼발치에서 봐도 더러는 공로가 인정되고 패거리들끼리 돌려먹기가 관행이 된 곳도 있는 듯하여 콜라병에 들어있는 조선간장 한 모금을 마셔 버린 그런 기분이 들 때가 가끔씩 있었을 것이다. 그러나 저술 지원금은 개방형 공개경쟁 입찰이어서 '염불 승려'도 도전해 볼 가치가 있는 것이다. 앞으로도 이런 염불은 자주 외도록 하여라. 저술 지원금은 받는 만치 이뤄내야 하니까 글을 쓰는 데 주마가편의 효과를 얻을 수 있을 것이다.

〈말미〉

　시인 윤동주의 「서시」에 나오는 "죽는 날까지 하늘을 우러러 한 점 부끄럼 없기를…"이란 말은 지상에서는 이뤄질 수 없는 하나의 소망이다. 불가능에 가까운 거짓말이다. 그래서 시다.
　너는 닿지도, 이를 수도 없는 그런 턱도 아닌 소리에 현혹되지 말고 여태까지 네가 걸어온 페이스대로 그렇게 묵묵히 걸어라. 자주 부끄러운 짓을 저질러 가며 그렇게 살아라. 하늘을 향해 부끄러울 수 있어야 신부님 앞에 가서 고백성사도 보고, 예배당에 가서 참회의 기도를 올릴 수가 있고, 절에 가서 백팔배를 올리며 염불을 욀 수 있느니라. "한 점 부끄럼 없기를…"의 진짜 뜻은 인간답게 살게 해 달라는 말의 다른 표현이다.
　차라리 이 구절보다는 "별을 노래하는 마음으로 모든 죽어가는 것을 사랑해야지"란 말이 훨씬 가슴에 와닿는다. 죽어가는 것을 사랑하는 마음은 살아 있는 것을 사랑하는 마음보다 갑절이나 애달프다. 사랑을 잃어버린 마음은 더이상 마음이라고 소리내어 부르지 않는다. 너는 어느 한 시라도 사랑하는 마음을 잃어버려선 안 된다. 사랑하는 마음은 여행자의 여권보다 소중하고 초례를 앞둔 신랑의 남성보다 고귀하다.
　너 이제 내가 한 말을 대충이나 알아들겠냐. 결론적으로 말하면 무슨 말인고 하니 네가 여태까지 해온 고향이나 아버지 그리고 가난한 어머니만 팔아먹고 살 것이 아니라 새로운 걸음마를 시작해보란 말이다. 이 멍충아.

　왜 있잖냐. "모든 죽어가는 것을 사랑하는 그 마음"을 니 음정 니 박자에 맞춰 노래하면 되지 않느냐는 말이다. 그래. 이 세상에는 사랑하는 마음 그것보다 더 아름답고 더 멋진 것은 아무데도 없다. 내 말 알아 듣겠제. 약속하제. 그럼 그럼. 그래 그렇게.

엉뚱짓 명수

　나는 엉뚱한 구석이 많은 사람이다. 대학 다닐 땐 책 살 돈이 없어 빈 가방에 도시락만 넣고 다녔다. 영문학과를 다녔는데 영어책이 없었으니 공부는 하나마나였다. 삼 학년 땐 어머니께 무슨 거짓말로 둘러댔는지 기타를 사서 「라 팔로마」를 퉁기고 다녔다. 그것 또한 스승을 만나지 못한 데다 재능이 모자라 경지에 오르지 못하고 중도 하차하고 말았다.
　나는 열차 통학생이었다. 고교 땐 선생님이 인정해 주는 단골 지각생이었다. 그때 기차는 제 시각에 맞춰 운행되지 않았다. 배운 것도 다 모르는데 안 배운 것을 알 턱이 없었다. 공부와의 거리는 점점 더 멀어졌다. 그래도 별로 답답해하지 않았다. 천성 탓이다.
　대학에 입학하자마자 산악부에 들어갔다. 공부보다 산행을 더 열심히 했다. 주말은 팔공산에서 살다시피 했다. 이 학년으로 올라가자 하계 산행이 지리산 종주로 결정됐다. 그런데 경비가 없었다. 할 수 없이 어머니가 교회에 간 사이 쌀독에 쌀을 퍼내 시장에 내다 팔았다. 또 있다. 입고 나갈 옷이 없었다. 당시에는 스키파커식 등산복이 유행이었다. 에라, 모르겠다. 천이 약간 두터운 깔고 자는 요의 껍데기를 뜯어 친구에게 빌려온 옷을 보고 재단했다. 그런 다음에 손수 재봉틀을 돌려 부끄럽지 않을 등산복을 만들어 입고 지리산으로 출발했다. 당일 아침에 어머니의 빗자루가 거꾸로 서서 춤을 추었다. 무거운 륙색을 짊어지고 냅다 뛰었다. "다시는 집에 들어오지 마라." 어머니의 패악에 가까운 소리가 등 뒤에서 들려왔지만 나는 마냥 즐거웠다.

그러다가 다른 바람이 들었다. 말이 타고 싶었다. 경북대 교양학부 북쪽에 있는 마장에 자주 드나들었더니 하루는 마음씨 좋은 목부가 공짜로 말을 태워 주었다. 꿈속에서도 말이 어른거렸다. 버스비도 없는 주제에 양키시장 중고 신발가게에서 박차가 달린 승마화를 거금 70환을 주고 샀다. 박차를 책가방 속에 넣고 다니니까 걸어 다녀도 말 탄 것처럼 신이 났다. 우쭐우쭐. 그 박차는 지금도 서가 한쪽 구석에서 말의 배때기를 찌를 날을 기다리고 있다.

마음에 또 바람이 일기 시작했다. 이번에는 바다였다. 바닷가에 촌집 한 채를 사고 싶었다. 이십만 원짜리 적금을 해약하여 무작정 바다로 달려갔다. 동해의 월포라는 포구였다. 몇 개월을 나다닌 끝에 삼십만 원을 주고 삼 칸 초옥 한 채를 매입했다. 당장 살 집이 아니어서 빈집으로 버려두었다. 그랬더니 담벽이 헐어 슬슬 무너질 조짐을 보이기 시작했다.

그해 여름, 가족과 함께 휴가를 월포에서 보내기로 했다. 내 집 마당에 텐트를 치고 첫 입주식을 치렀다. 아내와 아이들이 "뭐 이런 데서 자는 거야." 하고 투덜댔다. 그래도 나는 영화 「위대한 개츠비」에 나오는 대저택의 주인이나 된 듯 무척 기뻤다. "내일 점심은 방파제에 나가 조개를 잡아 멋진 코펠 밥을 지어 주겠다."는 약속으로 얼버무렸다. 너덜거리는 부엌문이 서핑 보드로 쓸 수 있을 것 같아 그걸 떼어내 바다로 들고 나갔다. 두 쪽짜리 송판을 바다 위에 띄워 두고 멋진 폼으로 올라탔으나 부력이 약해 물속으로 곤두박질치고 말았다. 아이들이 웃자 아내도 따라 웃었다. 그 웃음 속엔 '바보, 돈키호테!'란 뜻이 숨어 있었다.

서핑보드를 밥상으로 대신하고 해삼이나 몇 마리 건져볼 요량으로 물속으로 들어갔다. 방파제 부근은 수온이 높아 아무것도 없었다. 가까운 해녀 집에 찾아가 해삼 삼천 원어치를 샀더니 우리 식구가 먹고 남을 만치 많이 주었다. 급하게 설쳐대는 아이들에게 한 접시 썰어주고 나머지로 밥을 지었다. 뜸을 들여 뚜껑을 열어보니 해삼은 한 조각도 보이지 않았다. 그래도 밥에는 해삼 냄새가 물씬 풍겼다. 알고 보니 너무 일찍 해삼을 넣은 탓에 열기에 녹아 형체가 없어진 것이다.

여태 살아오면서 한 번도 멘토를 만나지 못했다. 모든 걸 스스로

깨우치는 독학으로 일관해 왔다. 지름길을 알지 못했음으로 성취하고 도달하는 데는 시간과 노력이 많이 들었다. 그러나 후회하지 않았다. 그동안 목표보다는 과정에 더 많은 재미를 느껴왔기 때문이다. 해삼밥도 혼자 서너 번 실습하고 나서야 해삼이 사라진 이유를 알았다. 해삼밥은 뜸을 들인 후 썬 해삼을 넣고 비벼야 줄어들지 않는다. '엉뚱짓의 명수'는 우리 아이들이 지어준 나의 별명이다. 이 세상의 모든 발명가들은 내가 존경하는 형님들이다.

어머니 무덤의 흙 한줌

　다시는 이 텃밭 앞에 서지 않으리라. 어머니를 땅속에 묻고 온 날 늦은 오후, 어머니의 놀이터인 옥상 채마밭에 올라갔다. 흰 광목 치맛자락 같은 어머니의 환영이 한줄기 일렁이는 바람을 타고 하늘로 올라가는 것을 보았다. 순간적으로 무서운 생각과 그리운 정이 한데 뒤섞여 그 자리에 주저앉고 말았다.

　어머니의 희미한 뒷모습을 본 후 더이상 그리움에 연연해하거나 기억의 흔적을 털어 버리지 못하면 안 될 것 같았다. 이승에 계실 때 가장 소중히 생각했던 옥상 텃밭은 내 발걸음이 뜸해지자 하루가 다르게 묵밭으로 변해 갔다. 어머니와의 정을 끊는 방법은 당신이 애지중지했던 이 채마밭을 거들떠보지 않는 것이 최상의 방법이라고 생각했다.

　어머니는 한평생을 농사일에 매달려오다 장남인 나의 직장을 따라 도시로 옮겨 오신 지가 수십 년이 지났건만 애환 서린 노동의 추억을 잊지 못하셨다. 아파트 유리창에 성에가 끼는 겨울 아침에는 "두엄더미에 김이 무럭무럭 나겠구나."는 등 모든 현상을 고향에서 있었던 계절의 바뀜과 잊히지 않는 사건에 대입시켰다.

텃밭에 심어지는 채소는 순전히 어머니의 결정으로 선별되었다. 어린 다섯 남매를 키우며 가난 속에서 고난을 함께했던 추억의 식물들만 나의 채소로 인정했다. 상추 고추 쑥갓 실파 가지 아욱 부추 호박 오이 감자 등이 그것이다.

어느 일요일 아침 늦잠의 유혹을 하품으로 뿌리치며 텃밭으로 올라갔다. 감자 잎에 그늘을 드리웠던 죄로 케일은 무참하게 뽑혀 뿌리가 하늘을 향하는 물구나무서기를 하고 있었다. 케일의 벌쓰기는 예고되어 있었다. 어머니의 동의 없이는 "세상의 종말이 올지라도 사과나무를 심어라."는 스피노자의 권유도 가볍게 뿌리칠 정도였다.

텃밭이 만들어진 초창기엔 꽃을 심는 화단의 비율이 꽤 높았다. 그러나 날이 갈수록 꽃밭이 잠식당해 나중에는 채소가 꽃들의 점령군으로 변해 있었다. 먹거리 걱정으로 요약될 수 있는 어머니의 잃어버린 청춘이 도시의 텃밭이란 꿈의 영토로 재생되어 날로 사위어 가는 추억의 불씨를 되살리는 것 같았다.

어머니의 욕심은 쉽게 자제되지 않았다. 아욱과 근대를 심었던 구석 밭이 어느 날 갑자기 감자밭으로 변해 있었다. 아욱 같은 추억의 작물을 심자니 실리에 미치지 못하자 어머니는 옛 기억을 더듬어 찬거리 겸 식량 대용으로 충분했던 감자를 심기로 작정하신 것 같았다. 이백 평 실히 되는 고향집 바깥마당을 감자밭으로 일궈 수확한 감자를 헛간의 잿더미 옆에 쌓아두고 긴 겨울의 점심을 삶은 감자로 대신하던 그 인고의 나날을 떠올린 게 분명하다. 이렇듯 어머니는 옥상 텃밭에 심은 감자를 보며 가난했던 시절의 쓰린 상처를 감추기보다는 오히려 드러냄으로써 보상받으려는 일종의 보상심리가 작용하지 않았을까.

나 자신도 감자밭에 얽힌 추억은 너무 많다. 어머니를 도와 꼬마 친구들을 불러 온종일 밭을 일구고 난 뒤 몸살로 아팠던 일, 흰 감자 자주감자를 추수하여 포대에 퍼담을 때의 즐거움, 어머니가 교회에 가시고 나면 친구들을 불러 솔가지에 불을 지펴 감자를 구워 먹던 짜릿한 모험. 이쪽 저쪽에서 활쏘기 놀이를 하다 화살을 찾는다며 감자밭을 망쳐 놓아 어머니에게 회초리를 맞던 아름다웠던 시간 저편의 기억들.

돌아갈 수 없는 시간의 그림자는 그늘조차 드리우지 않는다. 끈끈하게 달라붙는 그리운 정을 떨쳐 버리기 위해 텃밭 농사를 포기한 지 몇 년이 지났지만 인연의 끈은 질기고 모질어 나를 붙잡고 놓아주지 않는다. 인연은 매복과 기습에 확실히 능하다더니 나는 인연과 맞서다가 번번이 앞무릎치기를 당해 자주 넘어진다.

어머니와의 정은 끊는다고 끊어지는 게 아니었다. 어머니 또한 떠나보낸다고 해서 쉽게 떠나는 그런 여인은 아니었다. 나는 떠나 보내고 그리워하느니 어머니를 마음속에 모시고 함께 살기로 결심했다. 그래서 올 초부터 텃밭 농사를 재개했다. 어머니가 생전에 하시던 대로 상추와 쑥갓과 실파를 심고 아욱 씨도 뿌렸다. 그러고는 묘소 옆의 흙 한줌을 퍼와 텃밭에 골고루 뿌려주었다. 어머니는 이승을 떠나갔어도 다시 살아나 우리 집 옥상 텃밭에서 나와 함께 살고 있다.

파계승이 추는 춤

　스승 없는 삶의 연속이 나의 생애였다. 스승이 없었으니 존경하는 이가 없었다. 지금도 그렇지만 나는 누구를 마음속으로 깊이 흠모해 본 적이 별로 없다. 학창시절에 존경하는 이의 이름을 쓰라는 신상 카드가 배부될 때마다 곤혹스러웠다. 친구들은 '이순신' '김구' 등 단골손님들의 이름을 잘도 써넣었지만 나는 그게 싫었다.
　이렇게 말하면 '건방져서 그렇다.'고 말하는 사람이 있을지 모르지만 전혀 그렇지 않다. 나는 동시대를 살아가고 있거나 나보다 앞서 세상을 살다간 현자賢者와 은자隱者를 존경하고 사랑한다. 책에서 본 그들의 숫자가 너무 많아 어느 한 사람을 내세울 수가 없을 뿐 내 마음속엔 그들에 대한 존경심으로 가득하다.
　세상 사람들은 학문과 학통을 이어주는 사람만을 스승으로 모시는 관습에 사로잡혀 있다. 나 역시 그랬다. 배움이 일천한 나는 스승이 없는 것을 당연하게 생각해 왔다. 그런데 나이가 차면서 곰곰 생각해 보니 세상에는 스승 아닌 것이 없고 삼라만상이 진리 아닌 것이 없다는 생각에 이르게 되었다.

"벗만 한 스승이 없고, 스승만 한 벗이 없다."는 옛말이 있다. 유학의 허위를 폭로하여 이단으로 몰리기도 했던 명나라의 걸출한 사상가인 이지李贄는 "벗友 앞에 스승師 자를 붙여師友 벗을 스승으로 모시지 못할 이유가 없으며 스승으로 모실 수 없으면 벗도 될 수 없다."고 주장한 적이 있다. 이지의 글은 그동안 스승 없이 떠돈 나에게 광명의 햇살이었다.

나는 '스승이 없다.'고 한탄할 것이 아니라 주변에 있는 뜻이 맞는 선배와 동료 그리고 후배들을 스승으로 모시기로 마음을 정했다. 일일이 이름을 거론할 수는 없지만 깡패 화가, 거지 시인, 땡초 스님, 게으른 예술가, 느슨한 풍류객 등 어느 한 면은 진정으로 아름다운 이들을 스승으로 모셨다. 이지의 말대로라면 그들은 모두 나의 벗이었다.

내 나이 지천명에 이르렀을 때 하늘이 스승 한 분을 만나게 해 주셨다. 하버드 대학원에서 구조공학을 전공한 건축가이자 민속학자인 조자용 선생님. 언론계 선배의 소개로 속리산 정이품송 옆 에밀레 박물관에서 첫인사를 올렸다. 사랑이 눈으로 오듯 사제의 인연도 그렇게 눈으로 오는 듯했다. 나는 만나 뵙는 순간 이름 지을 수 없는 그 무엇에 압도당해 버렸고 선생님은 자신에게 취해 버린 후학의 마음을 따뜻하게 안아 주시는 것 같았다.

그것은 마치 서른다섯 살 아래인 율곡이 도산서원으로 퇴계를 찾아갔을 때 스승은 이틀 밤을 재운 뒤 제자를 망년우(忘年友:나이를 떠나 사귀는 벗)로 삼아 우정이 더욱 돈독해지기를 바라는 것과 같았다.

　　봄날에 천하 재사 반가이 만났으니
　　머문 지 사흘 만에 정신이 통하는 듯(중략)
　　술 다시 권하기엔 나는 이미 늙었지만
　　망년 우정 이로부터 더욱더 가까우리.(퇴계의 시)

조자용 선생님은 생면부지 시골뜨기인 나를 처음 만난 그날 밤 제자로 받아 주셨다. 우린 자리를 옮겨 박물관 앞 목롯집 바닥에 퍼질러 앉아 막걸리를 마시며 밤을 샜다. 마신 술의 취기가 아침 해의 붉음으로 떠오르자 나는 제자의 예를 갖춰 큰절을 올렸다. 목로집은 다져지지 못한 황토 바닥이었으나 개의치 않았다.

선생님은 스승으로서 무엇을 가르치려 하지 않았지만 나는 그림자만 따라다녀도 배울 게 많았다. 가르침과 배움은 언뜻 보면 상하관계에 있는 듯하지만 꼭 그렇지는 않은 것 같다. 그것은 마음의 자세에 따라 수평관계일 수도 있다. 사제지간이 망년우로 변하는 이치와 이와 비슷하다. 선생님은 그렇게 나를 대해 주셨다.

어느 날 선생님이 보내온 편지를 보니 나는 조자용 두령頭領 휘하의 두목頭目이 되어 있었고 산적들의 통지문처럼 '개천절 전날 국중대회國中大會를 여니 참석자는 한복을 입고 집결하라'는 내용이 담겨 있었다. 나는 불국사에 계시는 서인 스님(해병 대령 출신)에게 급히 연락하여 승복 한 벌을 받아 입고 친구 두엇과 국중대회에 참석한 게 제자가 되고 난 후의 첫 나들이였던 셈이다.

속리산 국중대회가 열릴 때마다 나는 승복을 입고 출전하여 신명이 접히도록 춤을 추었다. 선생님은 잔치가 무르익을 즈음이면 "춤을 춰라, 춤을 춰, 춤을 누가 배워서 추나."라고 고함을 지르고 다니셨고 나와 눈이 마주치면 그윽한 눈길로 무언의 격려를 보내주시곤 했다.

우리 문화를 누구보다 사랑하신 선생님은 국중대회 비슷한 행사를 전국 여러 곳에서 열었다. 어느 해에는 인사동에 차 없는 날을 택해 보름 놀이를 열었다. 나는 승복을 입고 서울 한복판으로 진격했다. 선생님이 키 큰 나에게 횃불을 맡기시길래 그놈을 들고 뛰어다니며 술을 주는 대로 마셔버려 대취하고 말았다.

그날 밤 나는 승복 두루마기를 선생님과 함께 술을 마시던 어느 카페에 벗어두고 대구로 내려와 버렸다. 그 두루마기는 선생님이 수습하여 삼 개월 뒤 소포로 보내 주셨다. 어느 겨울 아침, 선생님이 이 세상 소풍 끝내고 귀천하셨단 소식을 답사 여행 중에 듣고 집으로 돌아와 승복을 불태워 하늘나라로 먼저 올려보냈다. 나중 저승에서 선생님을 만나 뵐 때 다시 찾아 입고 파계승 춤을 추려고.

구활 수필집

물볕마을

인쇄 2023년 11월 1일
발행 2023년 11월 7일

지은이 구 활
발행인 서정환
펴낸곳 수필과비평사
주소 서울시 종로구 삼일대로 32길 36(익선동 30-6 운현신화타워) 305호
전화 (02) 3675-3885 (063) 275-4000·0484
팩스 (063) 274-3131
이메일 essay321@hanmail.net
출판등록 제300-2013-133호
인쇄·제본 신아출판사

저작권자 ⓒ 2023, 구활
이 책의 저작권은 저자에게 있습니다. 서면에 의한 저자의 허락없이 내용의 일부를 인용하거나 발췌하는 것을 금합니다.
COPYRIGHT ⓒ 2023, by Gu Hwal
All right reserved including the rights of reproduction in whole or in part in any form.
저자와 협의, 인지는 생략합니다.
잘못된 책은 바꿔 드립니다.

ISBN 979-11-5933-493-1 03810
값 15,000원

Printed in KOREA